JN101587

読みなおす日本史

軍需物資から見た戦国合戦

盛本昌広

吉川弘文館

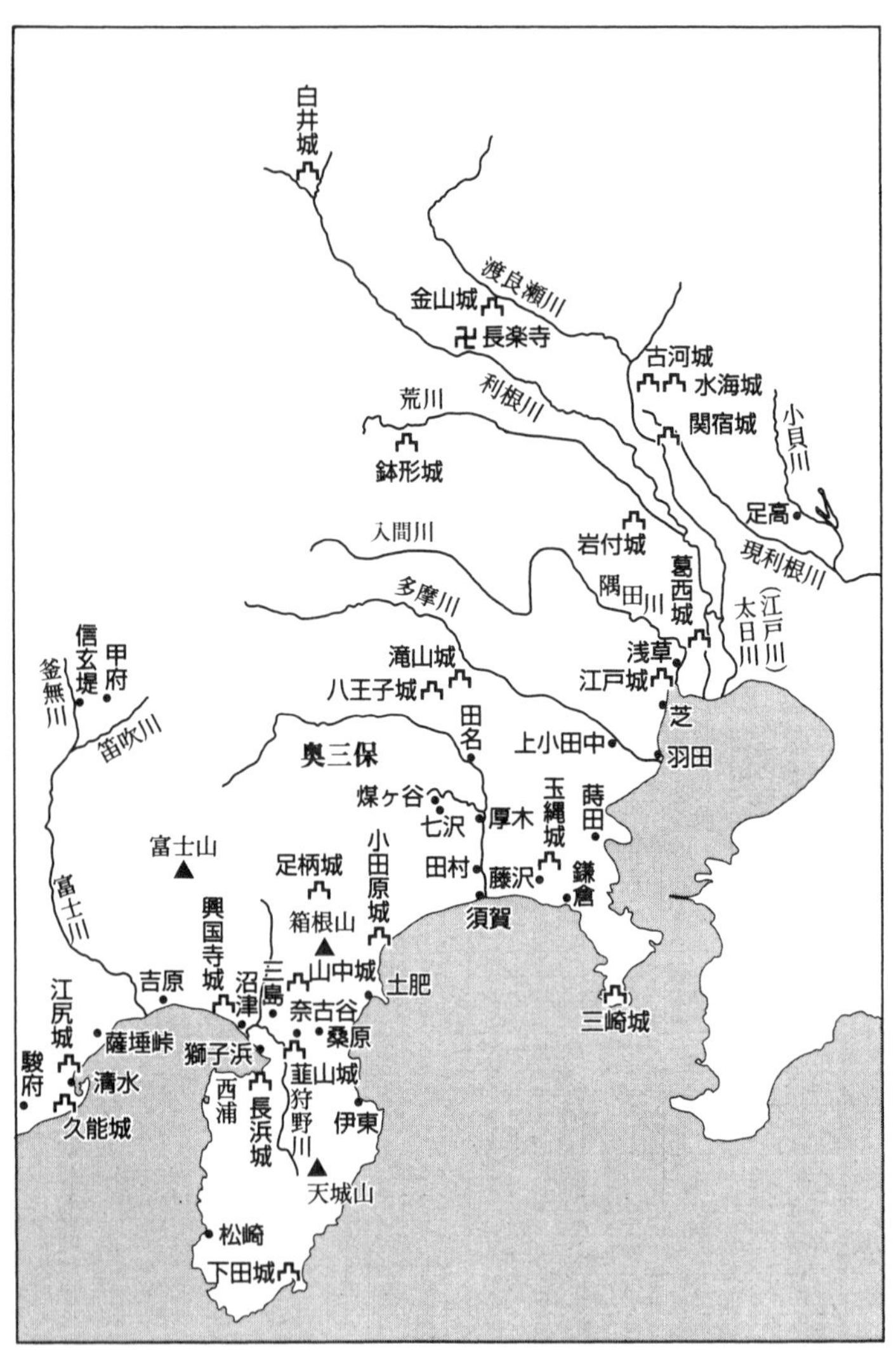

白井城
渡良瀬川
金山城
長楽寺
古河城
水海城
利根川
荒川
関宿城
小貝川
鉢形城
足高
入間川
岩付城
現利根川
多摩川
隅田川
葛西城
太日川
（江戸川）
信玄堤
甲府
釜無川
滝山城
八王子城
浅草
江戸城
芝
笛吹川
田名
奥三保
上小田中
羽田
煤ヶ谷
七沢
厚木
玉縄城
蒔田
富士山
足柄城
小田原城
田村
藤沢
鎌倉
富士川
興国寺城
箱根山
須賀
三島
山中城
土肥
吉原
沼津
奈古谷
三崎城
江尻城
薩埵峠
桑原
獅子浜
駿府
清水
韮山城
西浦
長浜城
狩野川
伊東
久能城
天城山
松崎
下田城

関東・伊豆・駿河（一部）要図

はじめに

戦国合戦は小説やテレビドラマで取り上げられることが多い。中でもドラマでは勇壮な合戦シーンが見どころになっている。また、『長篠合戦図屏風』は多くの教科書に取り上げられ、信長が鉄砲を効果的に使用して、武田騎馬軍団を破ったという一般的な常識の根拠ともなり、戦国時代に関する歴史意識にも多大な影響を与えている。この合戦では、信長が武田騎馬軍団の突進を防ぐために構築させたという柵が有名である。この柵の有効性に関しては様々な議論があるが、この点はさておき、柵が築造されたことは織田方の『信長公記』や徳川方の『当代記』、武田方の『甲陽軍鑑』にそれぞれ記され、事実と認められている。こうした柵は『関が原合戦屏風』や『大坂冬の陣図屏風』など他の戦国時代の屛風にも多く見られ、戦陣や城には柵を構築するのが一般的であった。

ところで、柵の材料となる木はどのようにして入手され、設置されたのだろうか。長篠合戦の場合はこの点を明確に示す史料はないが、戦国大名が合戦を行う上で、この点は重要な課題である。そして、このような合戦シーンや攻城シーンを思い浮かべると、大量の軍事用の資材が使用されたことに気がつく。言うまでもなく、城の建物や塀は材木を使用して建築される。しかも、塀の前には柵が設置される。柵は竹矢来と呼ばれることもあり、竹で作られることもある。

また、戦国合戦で使用される主要な武器は何であったのだろうか。ドラマの合戦シーンは足軽同士による長大な鑓のつつきあいで始まるのが一般的であり、鑓は武器の中でもたいへん重要であった。鑓の柄は竹または木でできている。勿論、弓矢も使用されるが、矢は竹で作られている。また、戦国合戦と言えば、鉄砲の使用というイメージが強い。では、鉄砲を製造するには何が必要なのだろうか。鉄砲の原料は鉄が主であるが、一部には木が使用されている。日本においては砂鉄を原料として鉄が製造され、中世においては主に中国地方の山間部で行われていた。鉄の精錬は鞴（ふいご）を吹いて風を送り込み、炭を高温で燃焼させることが必要であり、その際には大量の炭が使用される。そのため、短期間で周囲の木を伐採してしまうことになり、木がある所に移動しながら製鉄を行っていたとされている。鉄製品としては他に刀や鑓の穂先、建造物では釘が必要であり、多数の人数を動員した大規模な合戦が行われるようになるにつれて、鉄の必要性も必然的に増加した。

合戦シーンで目立つものと言えば、旗指物（はたさしもの）である。戦場には多くの旗指物が風にひらめき、兵たちが移動すると旗指物もそれにつれて動いていく。合戦終了後には兵たちの死体とともに無数の旗指物が打ち捨てられている。有名な風林火山の旗のように、大将が持つ旗は高々と掲げられ、戦場のシンボルとなっている。こうした旗や旗指物の柄も竹や木でできている。

また、ドラマでは夜のシーンもよく見られるが、そこでは必ずと言ってもいいほど篝火（かがりび）が焚かれている。兵たちは敵の夜襲に備えて寝ずの番を行い、篝火を絶やさないように気を配る。戦陣では兵たちは食事を取るが、炊事の際にも木が必要である。戦陣が長びけば篝火や炊事用に必要な木はかなりの量にのぼっていくが、これらは陣の周囲の木を伐採せざるをえない。

このように合戦を行うには大量の木や竹が必要であり、戦国時代には森林や竹林の伐採が盛んに行われた。だが、無制限に伐採を行うと森林資源が枯渇し、合戦を続けていくことが困難になっていく。そのため、過度な伐採をしないように、森林資源を管理する必要がある。合戦を行う主体である戦国大名はこうした点に気を配らなければならなかったのである。

戦国大名は領国内で様々な政策を遂行したが、森林資源の管理もその一つとして重要であった。結局、森林資源をいかに活用するかが、合戦における勝敗を左右すると言っても過言ではなかった。

そこで本書は戦国合戦が森林資源にいかなる影響を与え、戦国大名がいかに管理していたかを述べることを目的とする。最初に合戦を行う上で、いかなる資材が必要で、それをどのようにして調達したかを明らかにする。いわば、タイトル通り軍需物資から見た戦国合戦、戦国大名を論じたいと思う。

さらに、本書での重要な視点は、戦国大名が資材の供給源を確保すると同時に、過度な森林の伐採を抑制する政策を取っていたことも述べる。その一方で、合戦の場で行われた森林伐採という自然環境の破壊に対して、人々がいかなる対応をして、森林を守ったかを具体的事例で紹介する。また、「はやし」や植林という行為で、森林の再生や保全が図られていたことを明らかにする。

とは言え、戦国時代には山林の伐採が進行していたことも事実であり、それが自然環境に与えた影響に関しても言及する。

目次

はじめに　三

序章　合戦の勝敗は軍需物資の確保にあり！　一一

戦国時代は資源争奪の時代だった／戦争による環境の改変／森林資源の管理法とは？／花粉分析に見る植生の変化／松が増加した理由とは？／戦国時代に自然環境という概念は存在したか

第一章　軍用品の調達に奔走する大名たち　一九

合戦図屛風で見る木の使い方／城郭と尺木／玉縄城の塀の築造／重宝された栗の木／武田信玄駿河侵入と舟橋／舟橋の構造／天龍川の舟橋／接待用の舟橋／種類によって用途がかわる竹／敷板の調達／縄と橋木の調達／筵を購入して調達／舟橋はいかにして架けられたか／資材確保の方法とは／舟橋の架橋／見立て次第で伐採が認められた尺木

第二章　軍需物資を確保した大名が勝利をおさめた！　四五

材木の確保が戦国大名にとっては重要だった／山造と人夫の編成／戦国大名の山林管理法／方広寺造営に利用された榑／煤ケ谷村の炭／丹沢の山林／七沢の山林／勢楼と材木／五六とは何か／幡板と大鋸／藤沢の大鋸引／材木の筏流し／天城山の材木／伊東の港と大野・仁杉氏／水軍増強と造船／水軍用の大型船の購入／大型船の造船／信長による造船用の木の伐採／朝鮮侵略には多数の船が必要／海戦を支える船番匠と鍛冶／鍛冶炭の使用量／伊豆の炭焼き／公儀と入会／炭焼きと木の伐採

第三章　合戦・城攻めに使われた武器武具　八六

軍団編成で最大の人数は鑓持／一万人の合戦には少なくとも一万本の竹／鉄砲除けに竹は不可欠／大坂冬の陣に見る城攻め／城の堀を埋める塡草／戦場での夜の明かり／夜の戦いと照明／城番と薪の確保／足柄城の城掟と薪の確保／『家忠日記』に見る小田原攻め／小田原攻めと三島神社の神木伐採／小牧・長久手の戦いではどのように竹木を確保したのか／寺社の破壊と禁制／鍛冶に鍬を大量生産させた秀吉

第四章　武器・武具の調達方法を検証する　一一三

1　竹木徴発システム　一一三

朱印状発給による徴発／竹木徴発の朱印状の実例／竹の所望と運送費の下付／城ごとの徴発システム／北条氏が国衆宛てに発した竹木伐採の朱

印状／治水工事にも使われた竹／竹木徴発のために発行された「獅子朱印」

2　竹木の管理と伐採の防止　一三六

禁止された寺社境内林の伐採／竹木伐採を拒否した醍醐寺／地域ぐるみで根こそぎの伐採に抵抗した醍醐寺／武士が直接支配した山林の場合／他者の立ち入りが禁止された立山と立野／中居方による立山管理／寺と寺領の百姓にのみ使用を限定された立野／立山・立野を「立てる」とは？／山守の任命／両義性を帯びる山守／立山には山守、立野には野守／立野の植生／伐採や採草の制限方法／戦国時代にも植林が行われていた!?

第五章　伐採と植林を繰りかえした戦国時代　一五三

林と「はやし」／北条氏による林立命令／戦国大名の管理下にあった竹藪／竹藪の再生を管理する藪主／「はやす」と「成り立つ」／戦国時代の植林技術／苗木の育成と移植／サイカチの植林／「中世には植林は行われなかった」は大きな誤り／植林は領国の繁栄を実現する方策の一つだった！／松で覆われた京都／信長が命じた街道の植林／樹木の育成にも長けていた寺社

終章　戦国軍拡と自然環境の変化　一七四

度重なる伐採と洪水／洲の形成と新田開発／様々な要素による環境の改

変

おわりに　一八〇

補　論　一八五

序章　合戦の勝敗は軍需物資の確保にあり！

戦国時代は資源争奪の時代だった

いつの時代でも戦争は人的資源と物的資源を消費して行われ、両方の資源を効果的に利用することが勝利のために必要である。人的資源とは具体的には兵士の徴発、兵士の能力や訓練、さらには武器製造や軍隊の移動に携わる人、食料を生産する人々などを指し、戦争遂行者の支配下に属する人々すべてが動員される。近代に至ると総力戦と呼ばれ、国民すべてを動員する体制が取られたとされるが、近代以前の戦争でも程度や性質の違いはあれ、総力戦という点では同様であった。たとえば、戦国時代には戦国大名が支配する領土内に住む人々は戦国大名が遂行する戦争に様々な形態で動員されていた。戦国大名が支配する領域は研究上では領国と呼ばれ、その領国は一種の国家であり、そこに住む人は国民とも言える。戦国大名は重要な戦争の際には国の大事と称して、戦争遂行への協力を人々に強制あるいは説得した。

一方、物的資源は戦争遂行に必要な物資を指し、様々なものがある。「腹が減っては戦ができぬ」という格言があるように、兵粮の確保は最も重要であり、食料生産と兵粮の運送は車の両輪である。

また、「はじめに」で述べたように、城郭の建築、合戦で使用される防御施設や陣屋の建造、篝火、武器製造には材木や薪炭が使用され、それらは山林から供給された。このように、戦争遂行には様々な資源が必要であり、戦国時代は資源争奪の時代であったとも言えよう。

戦争による環境の改変

だが、山林資源は民衆の日常生活や農業などの諸産業を行う上でも必要であり、戦争遂行のための資源利用との間で矛盾が発生した。また、寺や神社の境内の森林は伐採を禁止されるなど保護されるべきものであり、それをも利用しようとする戦国大名との間で対立が起きた。そして、戦争遂行の材料となる森林を過度に伐採することは資源の枯渇を招き、ついには戦国大名自身が困ることになる。そのこと自体は戦国大名も認識しており、過度な伐採を排して、計画的に利用する方法も模索していた。しかし、必要に迫られれば、根こそぎの伐採もせざるをえず、いわゆるはげ山化という、現代で言う環境破壊を招くことになった。このように、戦国合戦の遂行は山林資源の争奪をめぐる争いを発生させ、究極的には大規模な環境破壊や改変につながった。

環境破壊や改変の主要な要因は山林資源の利用であるが、その他にも様々な要因があった。合戦の際には放火が行われ、農地が踏み荒らされたことは容易に想像がつく。敵方に打撃を与えるために、収穫直前の米や麦を焼いたり、刈り取る行為も頻発していた。上杉謙信が関東に侵入した際の放火はすさまじいものであった。一方、築城の際には堀を掘ったり、曲輪(くるわ)を作るために土地を平坦にするなど、大規模な環境の改変が行われる。戦国後期には石垣も築かれるようになり、特に近世初頭に石垣造りが一般化すると盛んに石の切出しが行われた。石の切出しは山を削ることになり、また石を運ぶ通路を作る必要となり、その結果として山の地形を改変することになった。鉄砲の製造には鋳型となる良質な土が必要であり、土取りも行われた。このように、山林資源の争奪以外にも環境に影響を与える要素には様々なものがあった。

以上のような様々な要因により、戦国時代は急激に自然環境が改変されていった時代と言えるが、その中でも山林の伐採は環境の変化を目に見える形で表現するものであり、それが与える影響も大きい。自然環境は全く人間が手を触れなくても徐々に変化していくが、人間の活動はその変化を促進し、特に合戦の際には大規模な形で改変が行われる。存在しているあらゆる自然環境は人間が何らかの形で関与して作り上げられたものであり、全く手つかずのものはほとんど存在しない。人間の活動の代表的なものの一つに田畑の開発があるが、これはもともと自然の状態で生えていた山林や原野を伐採したり、焼き払って作り上げた新たな環境である。

森林資源の管理法とは？

森林や山林の伐採は自然環境に与える最も重大な影響である。現在において人間が利用し、管理する対象となっているものを資源と呼び、山林資源や森林資源のような言葉が一般的に使用されている。資源は有限なものであり、特に石油や鉱物のようなものはすべての資源を採掘し終わったら回復は不可能である。これに対して、植物や動物のような資源は一定の配慮を加えれば、回復は可能である。

たとえば、漁業資源はあまりに魚を取り過ぎると枯渇するが、一定期間の禁漁や小魚の漁獲の禁止などの方法で資源を維持・回復できる。一方、近年国際的に問題になっている鯨の捕獲に関しては、日本側は鯨の数は増加しつつあり、鯨が多くなりすぎると、必然的に鯨が食べる生物の量が増え、結果として漁業資源が減少することになるので、一定量は捕獲して資源の管理を行わなければならないと主張している。この点は近年日本各地で問題になっている獣による食害も同様であり、鹿・猪・猿などの狩猟を行って、生息数を減らす必要性が提唱されている。

では、森林資源の場合はどのように利用や管理がなされるのだろうか。ある目的のために伐採が行われる。伐採される木は必要性により異なり、材木用ならば杉や檜のような針葉樹が多く、薪炭用には松やクヌギ・ナラが一般的である。伐採すると当然ながら木はなくなるが、何らかの方法で再生を図らなければならない。クヌギ・ナラの場合は伐採した後に残った根株から新たな木が生えてくる性質があり、自然に任せたままでも再生する。しかし、杉や檜は自然のままでの再生が困難なので、植林をする必要がある。また、戦国時代には様々な用途に使用する竹も大量に伐採されていた。竹は根から竹の子を出して、生えるので、その点に留意すれば再生は可能である。

このように、森林資源は利用を行いつつも一定度の管理をすれば、再生することができる。つまり、戦国大名は戦争遂行などのために、木や竹の伐採を行いつつ、再生を図るという課題に直面していたのである。この課題にいかにして取り組んでいたかをこれから述べていくが、戦国時代にはどの種類の木が多く生えていたのだろうか。

花粉分析に見る植生の変化

現在、しばしば植生という言葉が使われる。植生とは植物が集まって、生活している時の植物の集団を意味し、集合の仕方により草原・森林などに区別され、植物の種類や特定の植物が集団内に占める割合によって、◯◯の群落と呼ばれる。日本は南北に長いため、基本的な植生が南と北では異なっている。また、高度によっても植生が異なり、同じ山でも高度が上がるにつれて、急激に植生は変化していく。

原始時代以来、人間の活動は植生に多大な影響を与えてきたため、時代によって植生は異なっている。こうした植生や群落は現時点での状態は観察により確認できるが、過去に関しては観察は不可能である。しかし、近年は地中に含まれている花粉を採取することで、過去における植生を復元することができるようになった。ボーリング調査により、土を採取して、層ごとに花粉の種類の比率を分析することで、各時代における植生が判明する。

花粉分析は全国各地の発掘現場で行われ、報告書が出されている。南関東の場合は、天仁（てんにん）元年（一一〇八）の浅間山噴火、宝永（ほうえい）四年（一七〇七）十一月の富士山噴火の際の火山灰が検出されるため、それが年代の絶対的基準となり、それに加えて遺物の年代を考慮することで、地層ごとの年代を確定することが可能である。南関東における花粉分析によれば、おおむね浅間山噴火以降に次第に松が増加し始め、杉などの針葉樹や照葉樹が減少していき、中世を通じて松は増加を続けていく。そして、宝永の富士山噴火とほぼ同時期に松が急増し、同時に杉も増えている。

こうした植生の変化が最も端的に現れているのが鎌倉であり、都市の存在が植生に重大な影響を与えていたことが読み取れる。鎌倉では十二世紀末～十三世紀初には主に杉やその他の針葉樹、アカガシ・シイノキ（またはマテバシイ）などの照葉樹、十三世紀中頃には杉などの針葉樹や照葉樹が減少し、代わって松・コナラが増加し、十三世紀後半～末には杉などの針葉樹や照葉樹がさらに衰退し、またコナラの二次林が減少し、周辺では松が優勢になるという分析結果が出ている。鎌倉で必要な材木や燃料を確保するために、周囲の山林が盛んに伐採され、その結果として山林の種類が変化したことが読み取れよう。

松が増加した理由とは？

花粉分析によれば、中世を通じて松が増加しているが、その要因は何であろうか。日本における主要な松には黒松・赤松がある。黒松は海岸部や海岸近くに生え、他の樹木が生えにくい砂地・岩地や砂丘上でも成長し、潮風への耐性が強い点に特徴がある。近世には防風林の目的で各地の海岸に黒松が植えられたことが知られる。

一方、赤松はやせた尾根や岩山などでも成長し、比較的高地にも生える。赤松は陽樹と呼ばれ、日光が照りつける場所に生える性質があり、樹木が伐採されて更地となった場所にいち早く生え始め、一般に先駆種（パイオニア）と呼ばれている。元からあった森林が伐採された後に成立する林を二次林と呼ぶが、赤松は二次林の代表的なものである。つまり、赤松林の増加は山林の伐採が行われたことを意味しているのである。なお、赤松はある程度年が経つと、樹皮がむけて、表面が赤茶色になるので、この名がある。

つまり、中世を通じて松が増えていったのは、山林の伐採が行われ、その後があまり管理されていなかったことの反映でもある。鎌倉という都市周辺における急激な植生の変化は人の活動がいかに自然環境に影響を与えていたかを示している。

戦国時代に自然環境という概念は存在したか

このように中世を通じて松が増加しており、戦国時代にはその状況がさらに拡大していた。日本の歴史の中で戦国時代くらい戦争状態が長く継続した時代はない。つまり、戦国時代は主として軍事的要因により、長期にわたり自然環境、とりわけ植生の在り方に多大な影響を与えた時代と位置づけられる。

現在、地球規模での環境破壊や二酸化炭素の増加による地球温暖化が問題となっている。また、近年起きた湾岸戦争・イラク戦争では油田の破壊や有害な物質を含む爆弾の使用などが環境に与えた影響が問題とされている。さらに、森林の過度な伐採、公害の発生などの要因で環境が悪化し、動植物が絶滅するなど様々な影響が発生している。こうしたことは毎日のようにテレビや新聞で報道され、環境への関心も強まり、知らず知らずのうちに環境に関する意識を持つようになっている。そして、エコ・省エネ・節電といった言葉だけは一種の流行語のように使われている。節約という言葉も経済的・倫理的な意味だけではなく、環境的な意味でも使われるようになっている。

現代人は資源管理、環境破壊や環境保全といった意識を持っているが、戦国時代の人々はどうだったのだろうか。勿論、当時はこうした言葉自体はなかったが、伐採はやり放題で、そのことを何とも思わなかったのだろうか。現在では山林を伐採すると、その跡地に植林を行って山林を再生したり、過度な伐採を抑制して、環境を保全することも行われている。このような山林資源を管理するといった意識は戦国時代に存在していたのだろうか。

本書では戦国合戦の遂行やそれに関わる戦国大名の政策を森林資源の利用や管理、植生の内容といった視点から考えていくが、こうした点を解明することは現代的な課題を解決する上でも意義があると思われる。近年は歴史学でも環境を扱う研究が行われるようになっており、環境史というジャンルも提唱されている。勿論、環境史と言っても様々なテーマがあり、気候の変化や災害が環境や人間の生活に与えた影響の研究がその代表的なものである。本書で扱う山林資源の管理もこれらのテーマとも密接に関係し、新たな視点による歴史学研究の一環をなしている。

第一章　軍用品の調達に奔走する大名たち

合戦図屏風で見る木の使い方

天正三年（一五七五）の長篠合戦において、信長が自陣の前面に何重にもわたり柵を構築させた話は有名で、『長篠合戦図屏風』に描かれている柵は教科書にも記載されていて、多くの人にとって、印象深いものであろう。ところで、こうした柵は当時は何と呼ばれていたのだろうか。『信長公記』には「家康・滝川陣取の前に、馬防のため柵を付けさせられ」とあり、「柵」と表現されている。徳川側の立場から書かれた『当代記』には「両将（信長・家康）の陣所の前に、さくをふり、向の原へ鉄砲の者数千丁指し遣わし」とあり、ここでも「柵」と記されている。武田方の『甲陽軍鑑』でも「柵」と書かれていて、長篠合戦に関しては信長・家康・武田方の史料はすべて「柵」で共通している。だが、柵を別の言葉で表現している史料も多く見られる。

たとえば、享禄四年（一五三一）の越後衆軍陣掟書には「陣取の時は、その場に尺木を結んで、野伏などに対する用心を油断なくするように」とあり、陣を囲んで設置された柵を尺木と記している。外部から人が侵入するのを防ぎ、陣と外部との境界を明確にするために尺木が設置されていたのである。また、北条氏が定めた陣立書には、「騎馬武者に至るまで出てきて、尺木を結べ」とあり、軍勢が総出で尺木を結んでいたことがわかる。武田勝頼が定めた軍陣掟にも「陣中や陣屋の周囲にある尺木、夜番、篝火（かがりび）を厳重に行え」とある。

これらの掟から、陣を敷くと、まず周囲に総出で尺木を設置し、夜間には篝火を焚いて厳重な警備を行っていた様子が想像できる。

長篠合戦関係の史料では柵と表現されているが、一般的にはこうした柵は尺木と呼ばれていたのである。陣や合戦場のような臨時的な場には、木さえ用意すれば、簡易に作れる尺木が設置されていた。各種の合戦図屏風にも柵は散見し、『関ケ原合戦図屏風』では地中に埋めた焦茶色の木に、上下二本（三本の場合もあり）の横木を縄で結んで、陣を囲んでいる。

城郭と尺木

これらは戦陣での尺木の設置の例であるが、城郭にも同様に設置されていた。武田信玄が駿河久能（くのう）城（静岡市）に出した定書（さだめがき）には、「毎日城主である板垣信頼が曲輪（くるわ）を巡検し、塀・築地・尺木が破損していれば、修理するように」とある。築地とは一般には土で固めた塀を指すが、この場合はいわゆる土塁を指すと思われる。つまり、尺木は塀や土塁とは区別された構築物であり、城郭には外部からの攻撃を防ぐために、塀・築地（土塁）・尺木という遮蔽施設が組み合わされて設置されていたのである。では、これら三種はどのように使い分けられていたのだろうか。

土塁は戦国城郭としては最も一般的なもので、曲輪の周囲全体に築かれ、中には数メートルに達する高いものもある。これは堀を掘った時の土を利用して、少しずつ固めていき、必要に応じて高くしていくものである。塀は詳しくは後述するが、まず木の柱を建て、さらに横木や竹を差し渡し、土で固めて築いていく。塀は材木や竹などの資材を必要とするので、土塁に比べると手間がかかるため、重要な箇所を中心に築かれていたと思われる。ただし、これも後述するように、主要な城郭にはかなりの部分に塀が築かれており、城郭のランクによって、塀の在り方は異なっていたと考えられる。近世城郭は白壁の塀に囲まれていたが、これには城郭全体の景観美を整え、権威を示すという意味もあり、戦国城郭の場合も防御効果のみでなく、戦国大名の権威を示す目的もあったのだろう。

土塁や塀は外部からの視線を完全に遮断するが、内部からも直接外部が見えない。これに対して、尺木は外側が見えるため、外の敵を攻撃するのには便利である。また、敵の進行をとりあえず遮断し、その隙に攻撃することもできる。天正十八年（一五九〇）に行われた豊臣秀吉の攻撃に対し、北条氏は小田原に籠城したが、その際には鉄砲衆を含めた伊丹・河村・上原氏が「尺木の際（きわ）を堅固に固めるように」と命じられており、尺木の際には鉄砲隊が配置され、敵と最前線で向き合っていた。これも尺木が外を見渡せるため、鉄砲が容易に使用できる性質を利用したものである。このように、これら三種はそれぞれ異なる効果や性質があり、これらを使い分けて城郭は構築されていたのである。

玉縄城の塀の築造

塀はどのようにして作られたのだろうか。北条氏の城郭に関しては、塀の築造に関する史料がいくつか残っている。永禄六年(一五六三)六月、北条氏は玉縄城(鎌倉市城廻)の塀の築造を相模国東郡(高座郡・鎌倉郡)・三浦郡、武蔵国久良岐郡(横浜市南部)の村落に命じた。玉縄城は北条氏の一族が城主で、相模国東部と武蔵国久良岐郡を支配する重要な城である。

田名村(神奈川県相模原市)に出された命令書によれば、村落の貫高に基づいて分担箇所の長さが決められている。さらに、塀の作り方も詳細に記されていて、当時の城郭の塀の実態がよくわかる。貫高とは北条氏の場合、田一反五百文、畠一反百六十五文の換算基準で家臣の知行地や村の貫高を定めたもので、領主の軍役(出すべき兵隊の人数)や村が負担する諸役の基準とされたものである。この場合は十六貫で一間(約一・八メートル)の割り当てとされ、田名村は八十貫の村であったので、五間分(約九メートル)を担当し、九尺の高さの塀を作ることになった(図1)。

まず、男柱を一間に一本ずつ、計五本を立てた。この男柱は周囲が一尺五寸(約四五センチ)、長さが九尺(二・七メートル)で、栗の木を使用するように命じられていた。塀の根幹になる柱なので、男柱と呼ばれたのだろう。次に小尺木を一間に三本ずつ、計十五本立てた。小尺木は長さは七尺(二・一メートル)と定められているが、周囲の長さに関する規定はない。小尺木は字から見れば、戦陣で使用する尺木より、小さな尺木を指すようである。周囲に関する規定がないのは尺木の語源とも関わ

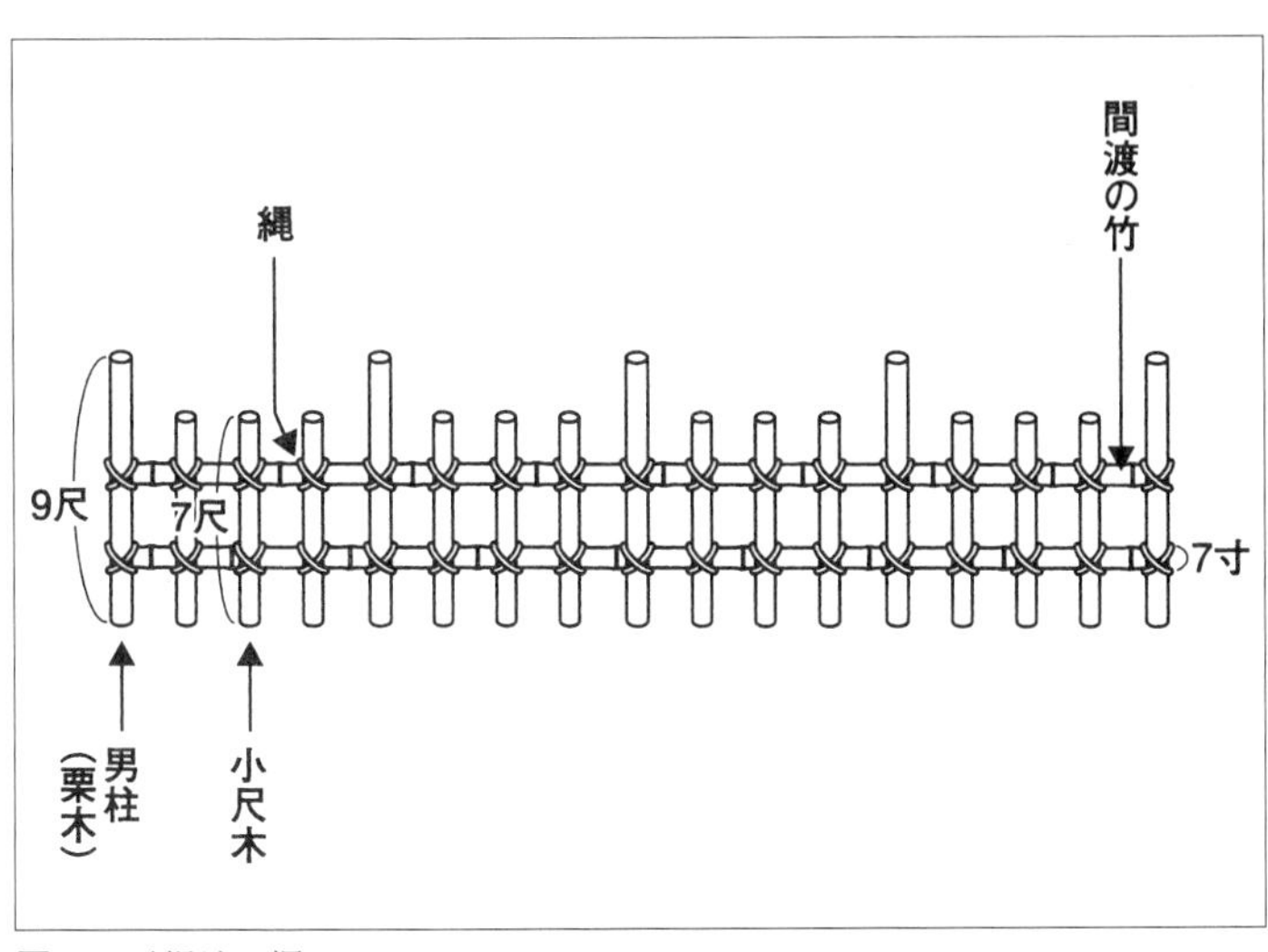

図1　玉縄城の塀

ると思われるが、詳細は後述する。

男柱と小尺木を立てた後に、間渡(まわたし)の竹が一間に二本ずつ、計十本が加えられる。間渡の竹とは、柱と柱の間に横に指し渡す竹のことで、太めの竹が使用されたと思われる。さらに竹が一間に四束ずつ計二十束使用された。これは男柱や小尺木、間渡の竹に結びつけて、縦横に組み合わせ、土を固める基礎としたものである。勿論、木や竹を結ぶには縄が必要であり、一間に縄六房(ふさ)、計三十房が使用された。房は縄を束ねた単位のことだが、どの程度の太さかは明らかではない。このようにして塀の基礎ができ、次はこれに土を入れて固める作業に取りかかることになる。

塀の厚さは八寸(約二四センチ)で、中に石まじりの赤土を堅く固めるように命じられている。現在でも古い家屋の土壁の中に竹や草が埋め込まれているのが見られるが、こうした細い竹を組んだものを木舞と呼ぶ。この場合は萱を一間に四把、計二十把使用するように定められており、萱を土に混ぜたと考えられる。一般には萱は萱葺として知られるように、屋根に用いられるが、塀の屋根ならば一間に四把も不要であり、やはり土に混ぜるために用意させたのだろう。これらの資材を使って、一日に七人ずつ出て、三日間で完成させるように命じられていた。

また、大風の後には塀の覆いの縄を結び直し、さらに常々やって来て塀が雨にあたらないように、縄を結ぶことが命じられている。このことは普段は塀が何かで覆われていたことを意味する。命令書には「すたわら」を一間に四把、計三十把用意するように記されている。「すたわら」とは簀俵で、稲や麦藁で編んだ俵のことだろう。これを塀の柱に結んで表面を覆い、雨があたらないようにしていたのである。土が表面に露出しているので、雨があたると崩れやすいため、こうした措置が取られていたと考えられる。

重宝された栗の木

これらの資材は各村が用意するのであり、城郭の塀は村落内の山林や竹林、草地から採れる植物資源に依拠して築造されていたのである。ここで注目されるのは男柱に栗の木を使うことを指定していた点である。なぜ、栗と指定したのだろうか。栗は堅く長持ちし、腐りにくい性質がある。以前は鉄道の枕木に利用されていたのも、雨にあたっても腐りにくく、堅くて頑丈な性質に基づいている。男柱が栗に指定されたのは、こうした栗の木の特性に基づいている。

北条氏は天正七年（一五七九）に星屋氏に対して、所領大平之郷（おおひら）（静岡県沼津市）から新地（しんち）城の塀用に太さ八、九寸一尺程度の栗・コナラ六十六本を上納するように命じている。そして、もし堅木がなければ、コナラに類似した木でもよいと述べている。栗やコナラが堅い木であるという認識が示されており、栗が堅い木の代表的な存在であったことがわかる。

栗は食料になるのは勿論のこと、薪や炭の原料、建築用資材にもなる。また、現在も畑地に植えられていることからわかるように、管理が容易である。さらに栗は一旦伐採した後、根元から新たな枝が生えてきて、自然に再生する性質がある。この種の性質を持つ樹木を萌芽林（ほうがりん）と呼ぶ。コナラも同様の性質を持ち、この点もあいまって、以前は薪炭林の代表的な存在であった。関東地方における雑木林は基本的には栗、コナラ、クヌギという薪炭林であったが、第二次大戦後しばらくしてから薪炭が使用されなくなったため、放置されていることが多い。近年は開発により面積は急激に減少しつつあるが、かつては有用な木であり、戦国時代にも多く植えられていて、塀や尺木用として重宝されていたのである。

武田信玄駿河侵入と舟橋

軍勢の移動に際し、途中に大きな川がある場合は渡河を迅速に行うために舟橋が架設されることが多かった。舟橋とは川に舟を並べて、その上に板などを置いて渡る橋のことである。ここではまず北条氏による富士川への舟橋の架橋の事例を取り上げよう。

永禄十一年（一五六八）十二月六日、武田信玄は駿河の今川氏真を攻撃するために甲府を発した。氏真は十三日に掛川城に逃れ、武田軍は駿府に乱入した。これに対して、北条氏は氏政を先遣隊として派遣し、薩埵山に陣取らせた。薩埵山は東海道の蒲原と興津の間にある山で、難所として知られ、南北朝時代にも合戦が行われた場所である。ちなみに、広重の東海道五十三次の由比宿は、薩埵山の右脇に富士山が見える構図で、急峻な薩埵山の峠から旅人が富士山を仰ぎ見る光景が描かれている。

北条氏は先陣を派遣したものの、武田氏の反撃に備えて、素早く増援を派遣する必要に迫られていた。薩埵山に向かうには急流で名高い富士川を渡河する必要があった。そのため、北条氏は同月二十四日に富士川東岸の吉原の矢部氏と渡辺氏に舟橋用の資材を二十八日までに用意するように命じる朱印状を発した。矢部氏は吉原を根拠として、商業や運送に携わっていた人物であり、そうした職掌を見込まれて、資材調達の任にあたったのである。

舟橋の構造

この朱印状には矢部氏に調達を命じた資材の内容と入手方法が詳細に記されている。

まず、周囲が二尺五寸（約七五センチ）のつなぎ柱八本を、木の種類は問わず、どこの村でも見立次第に取ってよいと述べている。このつなぎ柱とは何に使うものだろうか。鎌倉時代の時宗の創始者一遍の生涯を記した『一遍聖絵』に富士川の舟橋が描かれ、舟橋の構造の一端を知ることができる。

富士川の上に七艘の船が並べられ、その上に細長い板が敷かれている。西側の河原には二本の杭、東側の河原には二つの蛇籠（じゃかご）があり、それに並行した二本の縄が結びつけられ、それを舟に繋いで舟が動かないように固定している。

蛇籠は中に石を詰め、竹や鉄で編んだ籠で、一般には河川の護岸として、土砂流出の防止、水流制御に用いられる。絵を見る限り竹で編まれているようであるが、この場合は河原にある大きな岩を元にして、周囲に石を入れ、それに竹籠をかぶせたものと思われる。この点はともあれ、舟橋を固定するには両側に縄を結ぶための何らかの物が必要であった。つまり、つなぎ柱とは繋柱のことで、河原に打ち込み、それに縄を結ぶためのものであった。周囲二尺五寸とはかなり大きな木であり、富士川の急流に抗して舟を固定させるにはこれくらいの木でなければならなかった。『一遍聖絵』ではわずか七艘の舟しか描かれていないが、川幅からいってこれだけの舟数であるわけはなく、より多くの舟が必要であったはずである。

天龍川の舟橋

富士川と並び急流で知られる天龍川にもしばしば舟橋が架けられた。『太平記』には建武二年（一三三五）十二月、箱根竹下合戦で足利尊氏に敗れた新田義貞が京へ逃れる際に、天龍川の東の宿に到着したが、ちょうどその時川上で雨が降り増水していたため、家を壊して浮橋（うきはし）を架けて渡ったと記されている。浮橋とは舟橋の別名である。天龍川の東の宿（しゅく）には渡河用の舟が多くあり、それを固定するための柱や上に敷く板などを、壊した家の材木を利用したのだろう。

背後から足利氏が迫ってくる中で、大勢の軍勢を急いで渡すには舟橋が必要であり、この場合はまさに資材の現地調達と言え、宿の住民にとっては破壊行為に他ならなかった。ちなみに『太平記』では渡った後に義貞は舟橋の綱を切ったとあるが、『梅松論』では切り落とすのをやめさせ、渡守に橋を警固するように命じたため、足利方は感涙を流したとある。

天龍川の舟橋に関しては、戦国時代の連歌師宗長が記した『宗長日記』にも記述がある。今川氏親（義元の父）は遠江全体の攻略を目指していたが、旧遠江守護である斯波氏方の大河内氏が浜松城に立て籠り、敵対していた。氏親は数度にわたり、大河内氏を攻撃し屈伏させたものの、すぐに敵対したため、永正十二年（一五一五）五月下旬に再度氏親は浜松に向かった。ちょうどその頃は洪水で天龍川は大海のようであった。この季節は梅雨時であり、天龍川は増水していたのである。そこで氏親は竹の大縄を十重二十重に結んで、三百余艘の舟橋を架けた。

この場合は増水していたため、多くの舟が必要であったが、先に述べた富士川の場合も三百艘まではいかないにしても百艘程度の舟が必要であったと考えられる。『一遍聖絵』は多くの舟を描くのは煩雑であるため、舟数を省略したのであろう。このように、軍事行動の際には大河川には舟橋が架けられることがあった。

接待用の舟橋

戦国時代に天龍川に舟橋が架けられたことがわかる事例がもう一つある。天正十年（一五八二）三月に信長は武田氏を滅ぼし、凱旋の帰途についた。『信長公記』によれば、徳川家康は道路を整備したり、茶屋を設置するなど、信長の接待のため奔走したが、天龍川に多くの船を動員し、大綱数百筋で結んだ舟橋を架けている。この場合は軍事用ではなく、あくまでも接待用であった。古代には天皇や貴族が川を渡る際には浮橋が架けられるのが通例であり、信長に対する舟橋の架橋もその伝統を引いている。ちなみに、『信長公記』は史上初めて天龍川に舟橋が架けられたと記しているが、前述したように少なくとも過去に三回（もう一回は鎌倉将軍藤原頼経が暦仁元年〈一二三八〉に上洛した際）は架けられたことがあり、この記述は誤りで、信長の威光を誇張して伝えることを目的としたものであろう。

一方、富士川に接待用の舟橋が架けられた事例としては、豊臣秀吉のケースが知られる。天正十八年（一五九〇）三月に秀吉は北条氏討伐のため、京を出発して、小田原へ向かった。その道筋の三河・遠江・駿河で家康は信長の場合と同様に秀吉の接待を行ったが、その様子が家康の一族である松平家忠が書いた『家忠日記』に記されている。

当時三河深溝城主（愛知県幸田町）であった家忠は、家康の命を受けて出陣し、二月十日には由比（静岡県由比町）まで陣を進めた。十三日には吉原御茶屋道具の建造が命じられ、早速材木の切出しを行った。そして、富士川に架ける舟橋に使う竹簀（たけす）を編み、すぐに普請に取りかかった。普請は五日間かかり、結局二十一日に完成した。

竹簀とは竹簀子とも呼ばれ、竹を並べて簀子のように編んだもので、『慕帰絵詞（ぼきえことば）』には屋敷の縁側が竹簀子で作られているものも見られる。

舟橋は船の上に板を敷くのが通例だが、この場合は竹簀子を敷いている。これは秀吉の接待のためで、板よりも竹簀子の方が高級と認識されていたためであろう。ただ、竹簀子ではすべりやすいので、その上に筵（むしろ）を敷いたと考えられる。日記では秀吉は三月二十六日に吉原に御成（おなり）したとあるので、この日に富士川の舟橋を渡っている。このように富士川や天龍川には軍事や接待用に舟橋が架けられ、多くの舟、さらには材木や竹などが徴発されていたのである。

種類によって用途がかわる竹

話を矢部氏が調達を命じられた内容に戻そう。つなぎ柱以外には大竹二百本と大和竹五百束の調達が命じられている。大竹は本、大和竹は束という単位になっており、大竹が太い竹で、大和竹は細い竹であったことを物語る。

大竹の種類であるが、現在の日本で最大の竹は孟宗竹（もうそうちく）で、標準的なものは直径一〇～一八センチ、高さ二〇メートル以上になるが、この竹は江戸時代に中国から伝わり、各地に広まったとされるので、戦国時代の日本には存在しなかった（諸説あり）。元から日本にあった太い竹としてはマダケ（真竹）

があり、直径六〜一〇センチ、高さ一二〜一八メートルになる。材質は竹の中で最高とされ、色々な用途に使用される。また、大型の竹としては他にハチク（淡竹）があり、直径八〜一二センチ、高さ一〇〜二〇メートルになる。

　ハチクはマダケや孟宗竹に比べると、全体に蠟質状の物質が付いているので、表面が白味を帯びている。この竹は縦割りしやすく表面が緻密なため、茶筅（ちゃせん）やひご細工に使用される（『タケ・ササ図鑑』）。呉竹（くれたけ）はハチクの別名とされ、奈良時代から史料に見え、『枕草子』にはこの竹が「この君」と呼ばれていた中国の故事を清少納言が知っていた自慢話が記されていることで知られている。大竹はこの二種のどちらかであった可能性が高く、その用途は先に述べたように、氏親が竹の大縄を使用して天龍川に架橋したのと同様と考えられる。大竹を縦に割り、それをよじって長い縄を製作したのだろう。竹は一般の縄に比べれば、強度があり、舟を結ぶのに適していた。

　一方、細い竹の大和竹はどのような種類で、何に使用されたのだろうか。束は複数の竹を束ねた形態を示し、この場合は一束でかなりの本数が束ねられていたのだろう。直径一センチ前後の細い竹が幾種類かある。メダケ（女竹）は直径二〜三センチで、河川敷や湿気のある土地に生え、木舞竹として利用される。他に直径一〜二センチのアズマネザサという種類もある。大和竹はこうした種類の竹であったと思われる。

　では、この大和竹は何に使われたのだろうか。先に述べたように、豊臣秀吉が富士川を渡る舟橋で、竹簀子が編まれていたので、この場合も同様で簀子用に使ったのだろう。大竹も縄のみでなく、本数の多さから見て、簀子にも使われたと思われる。結局、大型の大竹と小型の大和竹を組み合わせて、簀子を製作し、船の上に敷いたのだろう。

大竹の伐採にあたっては、藪の大小に従い、藪主に印判状を見せて、切るように命じている。詳しくは後述するが、無制限な伐採を防ぐために、北条氏は伐採の際に印判状に伐採する竹木の本数を記し、山林や竹藪の持ち主（藪主）に印判状を見せた上で、伐採を行わせる体制を取っていた。一方、大和竹の場合は印判状を見せろとは記されていなく、単に藪主に断って伐採せよと述べている。大和竹は五百束と数が多く、竹林が多くの場所に散在していたため、いちいち印判状を見せるのは煩雑なので、この点は省略したものと思われる。いずれにせよ、竹藪の持ち主には断りを入れ、無制限な伐採は禁じていたのである。

敷板の調達

つなぎ柱や竹以外に、この朱印状では敷板・尺木・縄・藁・筵が徴発されている。この中でまず敷板に検討を加えよう。敷板は四十枚の確保が命じられ、うち二十枚は矢部氏自身が持っており、残りの二十枚は善清寺に借りるように命じている。敷板は舟の上に敷く板であり、先の『一遍聖絵』では川の流れに沿って並んでいる舟に平行に並べられている。板の長さは舟より少し短いくらいで、幅は狭くなっているのが特徴である。そのため、たった七艘にかかわらず、板の数は数十枚に上っている。

富士川の舟橋には百艘程度は必要であったと先に推定したが、『一遍聖絵』に描かれている敷き方では千枚近くの板が必要となる。ところが、この場合はわずか四十枚で済ましている。勿論、これがすべてではなく、追加で発注する分もあったかもしれないが、この数の違いは板の長さや幅が異なっていたことが原因と考えられる。もし板の長さや幅が『一遍聖絵』のそれより長ければ、舟に直角の方向に敷くことができるので、枚数は必然的に少なくて済むことになる。よって、この四十枚の板はかなり長く、幅も広かったと考えられる。

こうした両者の板の違いは製材技術の変化に原因が求められる。室町時代に大鋸が本格的に導入され、長い板が容易に製作できるようになった。大鋸とは二人引きの大型の鋸で、角材を縦に引いていき、板を作るために使用される。大鋸導入以前は柱材から板を作るには角材に楔を打ち込み、割る作業を行い、さらに割った板を手斧や槍鉋で整える作業が必要であり、たいへんな手間がかかった。ところが、大鋸の導入により、面倒な作業が不要となったのである。

北条氏は藤沢（神奈川県藤沢市）と奈古谷（静岡県伊豆の国市）在住の大鋸引に給分を与え、必要時には動員して城郭建築などに使用する板材を製材させていた（この点後述）。大鋸は鎌倉の寺社も所有しており、東国でも一定度普及していたと考えられる。翌永禄十二年（一五六九）二月に北条氏は矢部氏に舟橋の杉板を北条氏規（氏政の弟）に渡すように命じているので、この敷板も杉板であったろう。

古来、富士山麓は森林資源が豊富な土地であり、そこには伐採や製材に従事する杣(そま)集団も存在し、彼らは大鋸を所有して製材を行っていたと考えられる。富士山麓で伐採・製材された材木は富士川を下し、河口の吉原に運ばれ、矢部氏がそれらを管理しており、それゆえ敷板二十枚を持っていたのだろう。

一方、残りの二十枚は善清寺から借りることになっているが、この寺も大鋸を所有し、製材を行っていたと考えられる。そのため板のストックがあり、一時的に借りることができたのではないだろうか。この点は必ずしも定かではないが、舟橋に敷く板の確保は大鋸引による製材が富士山麓や富士川流域で行われていたことが背景となっていたと思われる。

縄と橋木の調達

次に材木以外の縄・藁・筵の調達に検討を加えよう。縄に関しては五百房を須戸(すど)下方の郷村から徴発するように命じている。須戸とは中世には須津(すど)庄（静岡県富士市）と呼ばれていた地域を指し、吉原の北側に位置する。この時点では北条氏は富士川以東を今川氏に代わって抑えており、それゆえ須戸内の郷村から縄を徴発できたのである。この縄は先に述べたように全体の舟を結ぶ縄が竹製であったとすれば、隣同士の舟を結ぶのに使用されたと考えられる。縄は藁製であったのだろうか。

この須津庄からは同時期に木の徴発も行われていた。永禄十二年正月、北条氏家臣垪和(はが)氏続(うじつぐ)は八幡社の別当寺多聞坊に証文を発し、次のようなことを述べている。「山作(やまづくり)が八幡社境内で、興国寺城（静岡県沼津市）の橋木用の木を見つけて伐採しようとしたが、今川氏真の印判状に伐採を禁じると記されていたので、この度は免じる。しかし、他の所で橋木が見つからなかった場合は多聞坊に改めて申請した上で、伐採する」

山作とは森林で伐採を行う職人のことである。興国寺城は元々は伊勢宗瑞（そうずい）（北条早雲）が今川氏のもとにいた時に与えられた城で、宗瑞が堀越公方を滅ぼして伊豆韮山に移った後は今川氏の城となっていた。この時には北条氏が占拠し、武田氏に備えて修築を加えようとしていた。橋木とは同城の堀に架ける橋であり、山作が北条氏に動員されて、橋木用の木を探していたところ、八幡社境内に良い木を見つけたのである。寺社の境内は伐採が規制されていたため、大木があることが多く、それゆえ山作が目をつけたのだろう。だが、八幡社は以前に今川氏真から境内の木の伐採を禁じる印判状をもらっており、これを楯にして伐採を拒んだため、北条氏側は一旦は引き下がったのである。

このように、別当多聞坊による必死の嘆願が行われ、とりあえずは境内の木は守られた。前領主の定めた先例を北条氏としても無視はできず、伐採を禁じた印判状が効を奏した事例と言えよう。このような寺社宛に境内地の木の伐採を禁じた文書は多く残されており、これにより境内の森林を守ることができたのである。こうした戦国大名による樹木の伐採に対する抵抗に関しては、後に改めて検討を加えよう。

筵を購入して調達

この時に北条氏は矢部氏に藁筵百枚を諸郷で購入して調達するようにも命じている。この筵は藁製であるが、何に使用したのだろうか。これまで述べたように、舟橋は船を並べ、縄で船同士を固定し、その上に杉の板や竹の簀子を敷いていた。しかし、杉の板のみでは人馬がその上を歩くと圧力がかかり、舟橋が不安定になりやすいので、クッションとしてその上に筵を敷いたと考えられる。

実際に舟橋に筵が敷かれたことが明確にわかる事例がある。北条氏は天正年間に北関東に本格的に進出を始め、その中心的役割を果たしたのが北条氏政の弟氏照である。氏照は豊臣秀吉の小田原攻めの際に強行派として抗戦を強く主張したとされ、小田原落城の際には氏政と共に切腹を命じられた人物である。当時北条氏は常陸の佐竹氏と敵対しており、まず常陸南部の攻略を図り、兵を動かしていた。下総と常陸の国境を小貝川が流れているが、かなり大きい川なので、そこは簡単には渡れなかった。そこで氏照は出兵にあたり、足高(あだか)城主（茨城県つくばみらい市）岡見宗治に次のようなことを命じた。

「明日、霞の渡しに舟橋を架けるが、橋の向かい側（常陸側）はあなたの領地なので、舟橋を架けるのに尽力し、舟橋が架けられたならば、自身でその場に出て万事指揮をして下さい。また、筵を五十枚あるいは六十枚を用意して下さい。この筵は簀の上に敷くものなので、古くてもかまいません」

この氏照の命令により、筵が簀の上に敷かれたことがわかる。簀は竹簀子と思われ、この場合も舟橋の上に竹簀子が敷かれていたのである。足高は小貝川に注ぐ牛久沼の東側に位置し、船を使ってすぐに小貝川に出ることができる。宗治は牛久沼周辺地域を支配しており、牛久沼や小貝川沿岸の船を徴発し、霞の渡しに向かわせたはずである。舟橋の架橋に際しては、最も重要なのは船の徴発であり、この場合は近隣の湖沼や川を支配している人物に舟橋架橋の責任を負わせたのである。

さて、矢部氏が調達を命じられた藁筵は購入することになっていた。竹や木、縄は無償で徴発されたが、藁筵のみが購入されたのは、なぜだろうか。先に述べたように、つなぎ柱の徴発に際しては、「どの村でも見立て次第に、何の木であっても伐採せよ」とされている。これは北条氏が領国内の山野領域の支配権を握っていたため、非常時に際しては竹や木の徴発が可能であったことを意味している。

この前提となったのが、天皇や将軍が各地から竹や木を徴発していた慣行である。室町時代には天皇や将軍が河原者を京や周辺地域に派遣して、庭園用の木を徴発していた。また、将軍の御所や室町将軍によって保護された五山寺院（臨済宗）の建造にあたって、各地から材木が徴発されていた。これは天皇や将軍が持つ国土の支配権に基づくものであり、北条氏も領国内の山野支配権によって、木の徴発が可能であった。一方、筵は手を加えて作ったものであり、製作には手間がかかっているので、それなりの対価を支払う必要があったため、購入という手段が取られたと考えられる。

舟橋はいかにして架けられたか

舟橋がいかにして架けられたかに関して、別の事例を検討しよう。

北条氏は房総をめぐり、安房を本拠とする里見氏との間で戦いを繰り広げていた。里見氏の勢力は上総にも及び、下総にも北条氏とは独自の立場にいる領主が存在し、北条氏が完全に支配していたわけではなかった。武蔵と下総の国境付近には西から隅田川（当時は上流は入間川）・利根川（古利根川・中川、当時は荒川は支流）・太日川（江戸川）の大きな三つの川が流れていた。利根川は近世初期以前は東京湾に注いでおり、その流れは現在は中川（古利根川）と呼ばれている。また、太日川は近世に上流部分が開削されて利根川と接続し、現在の江戸川の流路が成立した。隅田川は古代以来、武蔵と下総の国境であったが、中世には隅田川と江戸川に挟まれた地域が伊勢神宮の所領下総国葛西御厨となり、江戸時代にはその地域が武蔵国葛飾郡とされ、江戸川が武蔵・下総の国境になった。現在は東京都と千葉県の県境になっている。結局、戦国時代には隅田川が武蔵・下総の国境であった。

北条氏が下総に出兵するには、これら三つの川を渡る必要があり、その際に舟橋が架けられた。架橋の担当者は江戸城代の遠山氏であった。ある時、北条氏は遠山氏にどこかに架けた舟橋を、①軍勢が渡り終えたならば、舟橋を切って急いで浅草（東京都江東区）に廻し、いつもの「船橋庭」に架けること、②上総から注進があれば出馬するので、油断なく浅草に架けること、③葛西の舟橋に関しても、いつものように架けることを命じた。

①からは浅草に舟橋を架ける場所が普段から定められており、この時には浅草以外の場所に舟橋を架けていたことがわかる。浅草の舟橋は隅田川に架けるものであり、ここが重要な渡河地点であった。③の葛西の舟橋はどこに架けられたのだろうか。古利根川（中川）の西岸にはこの地域の中心的な城であった葛西城（東京都葛飾区青戸）があり、そこには街道も通っていた。この点から葛西の舟橋は古利根川に架けられていたと考えられる。

では、①で浅草に廻す前に舟橋が架けられた場所はどこであったのだろうか。北条軍は主に浅草より西から進軍してくるので、舟橋が架けられた場所も浅草より西になる。浅草より西で大きな河川と言えば、多摩川があるので、この舟橋は多摩川に架けられたと推測される。このように北条氏は上総に向けての出兵の際に、いくつもの舟橋を架けさせていた。浅草の舟橋を多摩川の舟橋に転用したのは、普段は多摩川に舟橋を架ける慣習はなく、一度に多摩川と隅田川に舟橋を架けるだけの船や資材が確保できないため、と考えられる。一方、太日川（江戸川）をいかにして渡ったのだろうか。近世には江戸川西岸の小岩（東京都江戸川区）に関所が置かれ、東岸の市川（千葉県市川市）まで船で渡っている。戦国時代の太日川の水量自体は明らかではないが、かなりの水量があったと思われ、そうなると徒歩で渡るのは困難なので、舟橋を架けたか、あるいは船で渡ったかのどちらかであろう。

資材確保の方法とは

さて、このような武蔵・下総国境の舟橋に必要な船や資材はどのようにして確保されたのだろうか。

まず、船に関しては、北条氏は芝（東京都港区）に対し、触れがあればすぐに舟橋用の船六艘を出すように命じている。芝は山手線の田町駅と浜松町駅の間の海岸部にあった村で、当時は漁業が盛んであり、多くの船が存在していた。この命令を記した北条氏の朱印状は奉者が江戸城代遠山氏なので、先に述べた浅草に架ける舟橋であったろう。勿論、六艘のみでは隅田川の舟橋には不足するので、周辺の漁村にも同様な命令が出されたのだろう。

江戸時代には江戸城の将軍に魚を上納する御菜（おさい）八ケ浦と呼ばれる八つの浦があり、北から芝金杉・本芝（以上港区）・品川（品川区）・大井御林・羽田（以上大田区）・生麦・新宿・神奈川（以上横浜市）であった。芝村は江戸時代になると多くの町に分かれ、その中に芝金杉・本芝があった。これらの浦は戦国時代以来の漁村であり、当然ながら漁業や運送に使用する船を所有しており、これらの村を中心に船の徴発が行われたのだろう。

次に竹の徴発に関して、検討しよう。天正二年（一五七四）に北条氏は武蔵国市郷（横浜市青葉区市ヶ尾）の上原氏に舟橋用として、竹三十本の上納を命じた。この竹は周囲六、七寸（一八〜二一センチ）で、長さは有次第、馬で江戸城の遠山氏の代官吉原氏に渡すことになっていた。同様の命令が天正年間には何度も出されており、同郷からの竹の徴発は恒常化していた。舟橋用と明確に述べ、納入先が江戸城の遠山氏であることから、これらは隅田川の舟橋用で、先に述べた竹簀子を編むのに使用するのであろう。周囲の長さから見て、この竹はマダケであろう。勿論、こうした命令は市郷のみでなく、他の村にも出されたはずであり、全部合わせれば大量の竹が徴発されたと考えられ、舟橋を架ける度に多くの竹が伐採され、竹林はやせ細っていった。

天正四年（一五七六）に遠山氏は中村氏から舟橋の公物(くもつ)一九貫余を受け取るように命じられている。公物とは一般には官有物のことだが、この場合は必要経費という意味であり、受け取った銭で舟橋用の綱を購入することになっていた。同様の命令は他の年にも出されており、竹の納入同様に恒常化していた。舟橋の綱は多くの船を結びつけるので、強固である必要があり、先に竹の大縄が使用された事例を紹介したが、古代以来最も強固な綱として使用されたのは麻製であった。

麻製の綱は建築現場で材木を引く時に使われることが多かった。たとえば、安土城築城の際に織田信忠は麻の綱を用意させている。こうした麻の特性を利用して、この場合の舟橋の綱も麻を使用した可能性が高い。麻は簡単に徴発するわけにはいかず、商品化したものを購入した方が確保自体は容易であり、質の良いものを選ぶことができる。遠山氏は麻を扱う商人から銭で、麻を購入したのだろう。

舟橋の架橋

ところで、架橋自体は誰によって行われたのだろうか。先に永禄十一年十二月に北条氏が武田信玄に対抗するために富士川を越えて出兵した事例を述べたが、翌永禄十二年四月二十五日にも北条氏は矢部氏に明日吉原の船十余艘を富士川の「出瀬」に回し、同時に川立(かわだち)を集めるように命じている。

舟橋は恒常的に架けられているものではなく、一旦軍事行動が終了した後は取り払われ、必要に迫られた際に再度架けられる。この場合もそうであり、武田氏との対陣はなおも継続していたが、増援や撤退といった情勢変化に応じて、舟橋の架橋が行われた。そして、架橋に際して、川立が集められていることから、彼らが架橋作業をしたことがわかる。

川立とは一般に川のほとりに生まれ育って、水泳に慣れている人を意味するが（『日本国語大辞典』）、この場合は富士川を生業の場所としていた人を指すと思われる。富士川には普段は渡しがあり、船を扱う船頭や渡しを管理する渡守がいた。また、富士川の上流は森林資源が豊富であり、そこで伐採された木は富士川を利用して、下流の吉原まで渡されてきた。そのため、この付近には木を流すのに従事する筏流しなどもいた。また、吉原の港にも多くの船乗りがおり、彼らは水に慣れており、泳ぎも上手であったので、川立と総称されたのだろう。

この場合、船を富士川の「出瀬」に集めるように命じているが、瀬とは川の浅い場所を指す。川には水深が浅く流れが速い瀬と水深が深く流れがゆるい淵が存在するが、そうした瀬と淵を見極めて、川のどこに架橋を行い、いかにして船を固定するかに関しても、川立たちが持つ知識が必要であった。勿論、舟橋を架橋するには船を固定する作業があり、その時には川に入る必要がある。こうしたことを北条氏も承知しており、矢部氏を通じて川立を徴発したのである。

『謙信家記』にも上杉謙信が越中を攻撃する際に、川立五十三人を対岸へ越させたとあり、川を越える軍事行動の際には川立が利用されていた。このように、川を生業の場とする「川の民」が舟橋の架橋などに動員されていたことも注目されるところである。

見立て次第で伐採が認められた尺木

ここまで、永禄十一年から翌年にかけての北条氏の軍事行動に際して、吉原の矢部氏による舟橋の架橋を中心に、軍事資材の確保方法を検討してきたが、この時には尺木の徴発も命じられている。尺木は「廻一尺木（まわりいっしゃくのき）」のことで、どこの山でも見立て次第に伐採することが認められている。この尺木は他の資材と異なり、舟橋用ではなく、先に述べた陣の前面に立てる尺木用に使われたようである。

この時に北条氏は薩埵山に陣を敷いて、武田方と相対していた。北条氏の軍勢には玉縄衆に属する間宮彦次郎（康信）がいて、武田氏の伏兵を討ち取ったことに対して、氏政から感状を与えられている。このとき間宮氏は玉縄城主である北条綱成（つなしげ）に属して薩埵山に在陣していた。この感状には「薩埵山に敵が伏兵を置き、玉縄衆が尺木を剪り、敵を追い上げて多くを討ち取った」とある。「尺木を剪り」の意味は明確ではないが、北条氏の陣には尺木が設置されていた事がわかる。この尺木は矢部氏によって用意されたものであろう。この時の戦いは信玄の侵入によって急に起きたものであり、北条氏としてはすぐに陣を敷き、防衛用の尺木を入手する必要があり、矢部氏に命じて尺木に利用できる木を伐採させたのである。

ここでは尺木を周囲一尺と規定している点も注目される。先に述べた玉縄城の塀用の小尺木は直径や周囲の寸法の規定がなかったが、基本となる男柱の周囲が一尺五寸であった点からすれば、この小尺木は周囲一尺であったと考えられる。つまり、尺木とは原則として周囲一尺の木という常識があったのだろう。これは尺木の語源とも関係しよう。

鎌倉初期の正治二年（一二〇〇）の勧進状には「寸鉄尺木でも寄付した者は万年の長寿を得られる」とあり、寸と尺が対応している。当時の長さの単位として寸と尺は基本であり、日常に密着したものであった。木と尺という単位は密接な結びつきがあり、尺を基準に木を計る意識が浸透しており、一尺の長さや太さの木が基本的な木であり、それが軍事用の塀の言葉として転用されたと考えられる。

尺木の徴発は北条氏のみでなく、安房の里見氏も行っている。里見義頼は家臣上野内匠助に久保郷（千葉県南房総市）で尺木が必要なので、郷の者に朝平（あさひな）南山（南房総市）で百本切らせるように命じている。久保郷で尺木が必要であった理由は不明だが、尺木の利用法から見て、城郭などの塀や柵であったと思われる。朝平南郷内の山を意味する朝平南山は里見氏の直轄下にあり、上野氏が管理していたのだろう。このように、尺木という言葉は東国各地で使用され、戦国大名の軍事行動に必須のものとして、確保が求められていた。

第二章　軍需物資を確保した大名が勝利をおさめた！

材木の確保が戦国大名にとっては重要だった

城郭のプランは基本的には土塁と堀で囲まれた曲輪の組み合わせであるが、先に見たように塀、尺木も存在した。天守閣が作られたのは織豊期に入ってからだが、城内には城主や家臣が住む屋敷、食料や武器を収蔵する倉庫などが建造されていた。また、曲輪の入り口（いわゆる虎口）には門、曲輪の隅には櫓（矢倉）が設置されることがあった。こうした建造物は言うまでもなく各種の材木を使って建造され、その確保が戦国大名にとって重要であった。では、どのようにして材木は確保されたのだろうか。まず、次の事例を検討しよう。

天正七年（一五七九）に北条氏は板倉代と山田代に朱印状を発給し、小田原城の御備曲輪御座敷と塀材木として、煤ケ谷（神奈川県清川村）に計二百三十三丁の材木の加工を命じている。それには山造と人足が従事することになっていた。煤ケ谷は相模川の支流小鮎川の上流部に位置する山深い土地である。『北条氏所領役帳』（以下では『所領役帳』とする）によれば、煤ケ谷領家方の知行人が板倉修理亮で下古沢（厚木市）と合わせて、十五貫を与えられていた。また、煤ケ谷地頭方には二人の知行人がいて、井上雅楽助が十二貫七百五十文、井上加賀守が上古沢（厚木市）と合わせて六十五貫七百五十文を与えられていた。板倉代とはこの板倉修理亮の代官のことである。煤ケ谷は鎌倉時代後期頃に領家方と地頭方に分割され（いわゆる下地中分）、この時期には三人の給人によって支配されていた。だが、山林部分は北条氏が直接支配し、板倉氏は北条氏の命を受けて、材木の確保にあたっていた。

一方、山田氏はこの命令を伝える朱印状の所蔵者であることから、煤ケ谷の山造の統括者で、材木伐採と製材の実質的な責任者になっていたと考えられる。山造とは先に述べたように山作とも呼ばれ、山林の伐採や製材に携わっていた集団である。北条氏は給人である板倉氏と在地の山造の統括者である山田氏を組み合わせて、材木の伐採・製材を差配させ、必要な材木を確保していたのである。

この朱印状では梁・貫下地・棟桁・長押下地など部材ごとに、本数と寸法が定められ、その遵守が求められていた。たとえば、梁は計二十二丁で、長さ三間二尺、幅が七寸、厚さが五寸、棟桁は計二十二丁で、長さ二間一尺、方五寸とされていた。梁は建物を横に、桁は縦に渡す骨組みとなる部材で、最も重要なものであった。この建物は小田原城の御備曲輪内の座敷用であったと思われ、梁と桁がともに二十二丁も必要であった点からかなり大きな建物であったと推測される。梁のみが断面が長方形で、他の部材はすべて五寸または六寸の角材であった。こうした基準通りに製材を行うことは技術を必要とし、山田氏が率いる山造集団はこの地域では高い伐採ならびに製材技術を持っていたのであろう。

山造と人夫の編成

朱印状には各部材ごとに必要とする山造と人夫の人数も記されている。たとえば、梁は山造が六十六人、人夫が百三十二人、棟桁は山造が二十二人、人夫が四十四人である。山造は伐採や製材という専門的な作業、人夫は運搬などの補助的作業を行うというように労働内容が異なっていた。また、どの部材も山造の人数の二倍が人夫の人数と算定されており、人夫は運搬という手間や力がかかる作業に必要であったため、多くの人数が必要とされていたことがわかる。梁は二十二丁に対して、山造が六十六人と三倍の人数であるが、それ以外の部材は丁数と山造の人数が同一とされている。これは梁のみが他の部材に比べ長く、断面も長方形であるため、手間がかかるとされていたためであろう。

これら山造と人夫の人数は延人数（のべ）で、全体で山造が二百七十七人、人夫が五百五十四人と算定されていた。そして、山造は賃金を秩父氏から四貫七百九文を受け取ることになっていた。一人あたり十七文となるが、これは北条氏が職人に対して一日あたりに支払うと決めていた公用（くよう）と呼ばれる賃金と同一であり、山造も一般的な職人に準じていたことがわかる。一般の職人は一年間で動員される日数が定められており、一日ごとに公用として十七文が支給されることになっていたが、規定の日数を超えて動員する場合は一日あたり公用十七文に加えて、作料として五十文が支給されていた。これに対して、山造の場合は動員の日数を定めず、必要に応じて公用を支払うという方式で、徴用されていたと考えられる。

このように、北条氏は山造という専門集団と村落から動員した人夫を共に使って、城郭建築に必要な材木を確保するシステムをとっていた。こうした山造は後で述べるように、北条領国以外にも存在し、各地の戦国大名も山造を使って材木を入手していたのである。

戦国大名の山林管理法

この朱印状には各部材ごとに「つか」「もミつか」「杉もミつか」「もミ」といった注記があり、木の種類が定められていた。栂（つが・とが）はマツ科の針葉樹で、八溝山（やみぞ）（茨城県）から屋久島（鹿児島県）まで分布し、高度としては一五〇〇メートル付近まで生える。古生層・中生層の急峻な地形や尾根に純林を形成し、樅と混生することが多く、粉白を帯びた淡褐色の色調が上品なので、長押・鴨居・柱などに利用される。一方、樅は米代川（秋田県）から屋久島まで分布し、海岸近くの丘陵地から低地帯（七〇〇メートルくらいまで）に生え、建築材・棺桶・卒塔婆に利用される。杉は針葉樹で最も一般的なもので、現在は花粉症の原因として嫌われものになっているが、建築資材としては中世には最も利用されたものである。

だが、この場合は杉よりも、栂や樅の方が材木の数としては多く指定されているので、煤ケ谷の山には主に栂、樅が混生しており、それに加えて杉が生えていたと見られる。栂や樅の混生という性質と材木の種類の指定内容は一致しており、北条氏はこうした植生を把握した上で、山造に注文を出したのであろう。

煤ケ谷では栂、樅、杉は柱材に加工されたが、次の事例では板材として使用されている。近世初頭、安房国泉村（千葉県鴨川市）の山において、百二、三十石積の船用の板と長屋敷で使用する板を、栂または樅で製作することが命じられている。泉村の近くには港を持ち、漁業や水運業が盛んな磯村が存在していた。つまり、この船は磯村に属す運送用の船であり、それに使用する板の製作が泉村に命じられたのである。

泉村には山守である治部という人物がいた。慶長十八年（一六一三）、安房一国を領していた里見忠義は治部が材木を取るのに尽力しているので、加増して計十俵を与えるように命じている。山守については詳しくは後述するが、文字通り山を守り、山の環境を保つ役割を果たしていた。日常的には勝手な伐採が行われないように山を監視し、必要時には山造を差配して、伐採や製材を行わせていた。泉村の山は里見氏の直轄領であり、その管理のために山守を任命していたのである。この山の植生も煤ケ谷と同様に栂、樅の混交林であり、こうした山林を戦国大名は直轄の林とすることによって、必要に応じて柱材や板材を調達するシステムを取っていたと言えよう。

栂に関しては、天正十五年（一五八七）に真田氏が信濃国四阿山（長野県筑北村・麻績村）で、栂を切ることを禁止している事例があり、保護されるべき樹木であったことがわかる。

方広寺造営に利用された栂

栂が柱材として使用された事例をもう一つ検討しよう。豊臣秀吉が京に大仏の建立を思い立ち、方広寺を作ったことは知られている。秀吉がこの寺の建立を思い立ったのは天正十四年（一五八六）のことだが、途中で工事の中絶期間もあり、大仏殿が完成したのは文禄四年（一五九五）であった。この工事にあたっては全国の大名が動員され、各地から材木が徴発された。ところが、同年閏七月に大地震があり、大仏が大破してしまった。このため、秀吉は当時甲斐（甲府市）にあった善光寺如来を大仏の代わりに迎えた。この善光寺如来はもともとは信濃の善光寺（長野市）にあったが、武田信玄が自国に運ばせたものである。

慶長三年（一五九八）に秀吉は重病に陥り、八月十七日に霊夢を見て善光寺如来を信濃に送り戻すことを命じたが、その翌日に死んだ。翌年子秀頼は金銅の大仏を作ることを決め、製作が開始されたが、慶長七年十二月に鋳造中の大仏から出火し、本堂まで焼けてしまった（『日本歴史地名大系　京都市の地名』）。

その後、慶長十三年末に秀頼は大仏の再建を決定し、金を徳川家康に送り、家康の協力を得て、材料の調達と工事が開始された。家康は金を受け取った代わりに、兵粮米を供出し、諸大名も大坂に兵粮を送った。秀頼は早速材木の購入を開始した（『当代記』）。

この材木をめぐり、争論が発生し、慶長十六年に大和国吉野北山の白川村（奈良県上北山村）の杣である次右衛門は家康の代官大久保長安に対して、次のように訴えている。

「大仏用の材木として、北山で長さ十間半、末口二尺二寸の栂を切出し、新宮（和歌山県新宮市）の宇土浜（鵜殿）に運んだが、伊賀屋・泉屋・京屋という商人に強制的に取られてしまい、今に至っても代金の支払いがないので、なんとかしてほしい」すなわちこの栂は長さ約一九メートル、根元の直径が六六センチにも及ぶ巨大な木であり、大仏殿の主たる柱として使用する予定のものであったのである。

栂は通常は高さ二〇メートルとされるが、この木は柱材として使用できる部分が一九メートルであったことから、実際にはそれ以上の高さであり、こうした巨木が吉野地方には存在していた。杣は吉野の山をめぐって、良木を見立てていたことがわかるが、大仏殿をはじめとする巨大な建物が作られる度に同じようなことが行われれば、次第に巨木はなくなり、森林資源は枯渇していくことになる。

大仏殿のような巨大な建物に使用する柱は長くまっすぐな木である必要があり、栂はその要件を満たしていたため、珍重されていた。このように、栂のような針葉樹は柱材として有用であり、大名によって重要視されていたと言えよう。ちなみに、大仏殿が完成し、「君臣豊楽・国家安康」という鐘銘に家康が難癖を付け、大坂冬の陣の原因となったことはよく知られている。

煤ケ谷村の炭

ところで、煤ケ谷村からは毎年炭五十俵を小田原城に十二月に上納するのが恒例となっており、炭を運ぶための伝馬の使用が許されていた。伝馬とは各宿ごとに備えつけられていた馬で、北条氏が発給する伝馬手形と呼ばれる文書を見せて荷物を運ぶことができた。伝馬手形には「常調」の文字が刻まれた朱印が捺してあり、無料で伝馬を使用できると書かれていた。煤ケ谷村から上納される炭は以下で述べるように重要な意味を持ち、しかも五十俵と多かったため、伝馬の使用が認められていたのであろう。

ちなみに、中世には百姓が荘園領主に納める「歳末節料」と呼ばれる公事があり、その内容は炭や薪であった。「節」は本質的には物事を新しくするという意味であり、今も使われている節供やお節料理という言葉にもそうした意味が残されている。歳末や正月はまさに年が改まり、それに伴い物事が新しくなる時期であり、それを記念してお節料理を食べる。また、桃の節供、端午の節供、七夕の際には色々な行事が行われるが、これらの行事にも物事を新しくする意味が込められている。こうした行事には様々な物が必要であり、それらを納入する義務を公事と呼んでいた。

古代以来、朝廷では正月十五日に官人たちが天皇に薪を献上する儀式があり、御薪と呼ばれていた。この薪はその年に使用する燃料という名目で献上させるものであり、主殿寮に貯蔵された。この日は小正月と呼ばれ、現在もどんど焼き（左義長）と呼ばれる行事が行われることで知られている。小正月も重要な節日であり、この行事で薪を焼くのも物事を新しくする意味があった。このように節と薪は密接な関係があり、炭も燃料として薪と同様の意味を持っていたため、北条氏は歳末に煤ケ谷から炭を上納させていたのであろう。

煤ケ谷からは他に臨時の炭も上納しており、炭の供給地として重要視されていた。伝馬手形には厚木から小田原までとあるので、煤ケ谷から厚木までは自村の馬で運び、厚木からは伝馬を使用して小田原まで運んでいたのである。一般には炭は栗やコナラ、クヌギ、さらには松を焼いて作られた。栗やコナラ、クヌギは先に述べたように、関東において雑木林の一般的な樹木である。

煤ケ谷で焼かれた炭の原木の種類は明確ではないが、栂・樅・杉といった針葉樹以外にこうした薪炭林もあったのは確実であり、材木用と薪炭用の二種類の山林が存在していたと見られる。現在では杉や檜のような針葉樹の林が計画的に植林され、特定の地域を覆っている単純な植生が多く見られるが、戦国時代の植生は各村において複数の種類の木が混交しているものであった。現在において、美林とは一種類の樹木で整えられた植生という認識があるが、こうした植生に対する認識も今後は問われるべきであろう。この点はともあれ、煤ケ谷周辺には豊富な山林資源があるため、山造の根拠地となり、そこを北条氏は直轄林とし、材木や炭を納入させていたのである。

丹沢の山林

煤ケ谷は丹沢山系に属すが、この山系一帯が北条氏にとって柱材などの主要な供給地であったことが知られる。天正二年（一五七四）正月、北条氏は須賀（平塚市）の田中・清田（せいた）氏に、津久井（つくい）（相模原市）で製材された勢楼（せいろう）道具用の二百十三丁の五六（ごろく）（材木の一種、詳しくは後述）と三百九枚の幡板（はたいた）、七（なな）

沢（厚木市）で製材された百二十五丁の五六を一旦預かって、船が来たら渡すように命じている。この津久井とは津久井郡地域を指すと思われ、相模川・道志川などの上流に位置している。なお、津久井郡は明治三年以降の名称で、中世には高座・愛甲郡に属し、戦国時代には単に津久井、近世中期以降は津久井県と呼ばれていた。

既に鎌倉時代に同郡は材木の供給地となっており、元亨三年（一三二三）に円覚寺で行われた執権北条貞時の十三回忌の際に使用された材木は同郡内の奥三保屋形山と鳥屋山（相模原市緑区鳥屋）で採取されている。屋形山の給主は合田左衛門三郎入道、鳥屋山の給主は本間五郎左衛門尉で、共に得宗（北条氏惣領）の家臣であった。給主とは地頭である得宗に代わって、実際にその地を支配する役職であり、彼らは山造を差配して伐採を行わせ、相模川とその支流を利用して鎌倉まで運んだのであろう。

奥三保は津久井郡内の広域地名で、『所領役帳』では十七村あり、水田が全くなく、山畠のみがあると記されているが、山林資源はたいへん豊富であった。『所領役帳』では鳥屋村は井上左京進を筆頭として、七人の井上姓が知行人になっている。十七村中七村を井上姓の者が知行しており、この地域は井上氏一族の勢力が強かったことが窺える。

この井上姓に関しては、煤ケ谷の知行人も井上氏であった点が注目される。先に述べたように、煤ケ谷の領家方の知行人である板倉氏や山造の山田氏を通して、北条氏は材木や炭を確保していたが、これは山田氏のもとに史料が残っていたから、こうしたことがわかるのであり、地頭方に対しても井上氏を通して、北条氏は同様の命令を下していたと考えられる。煤ケ谷の井上氏と奥三保の井上氏との関係は不明だが、山林地帯を知行している点は共通しており、ともに山林を活動の場とする山造的な存在であったと推測される。この時の伐採地や製材地は鎌倉時代以来の伝統がある奥三保の山で、その作業を行ったのは井上氏であった可能性が高い。この点はともあれ、津久井郡一帯は山林資源が豊富なところであり、北条氏にとって重要な木材資源の供給地であった。

七沢の山林

七沢は相模川の支流新玉川上流に位置する山間地帯で、すぐ北側に煤ケ谷がある。また、南には日向(ひなた)薬師、北には飯山観音という霊場を控え、宗教的環境にも満ちあふれた場所である。現在では、七沢温泉や飯山温泉といった温泉があり、行楽地となっている。

『所領役帳』によれば、七沢の知行人は御馬廻衆の渡辺五郎左衛門で、貫高は九十五貫文であったが、山林部分は北条氏が支配していた。この五郎左衛門は別の史料にも名前が見える。北条氏康は相模国の蓮昌院と西光院に祈禱を命じ、その費用として米俵を五郎左衛門から受け取るように伝えている。これにより、五郎左衛門は北条氏のもとにある米を出納する役を果たしていたことがわかる。この役目と七沢の知行者であったことには関連があると思われる。七沢で製材を行った山造に対して、賃金として米や銭を支給しなければならず、それは五郎左衛門が果たしていた役割そのものである。

先に述べたように、北条氏は煤ケ谷の山造に対して一日あたり十七文の賃金を支払っており、当然七沢で製材を行った山造にも同額の賃金が支給されることになる。つまり、北条氏は五郎左衛門を通して、山造に五六の製材を命じた上で、五郎左衛門が管理している米や銭を支給したのであろう。

勢楼と材木

このように北条氏は丹沢山系の山林資源を利用して、材木や板を確保していた。これらは勢楼（せいろう）道具用の名目で製材されたが、これはどのような意味であろうか。

勢楼とは井楼とも書き、敵を偵察するために、材木を井桁に組んで作る櫓（矢倉）のことである。その用例の早いものとしては、応永の乱（応永六年〈一三九九年〉）を記した『応永記』に「材木を集め、数百人の番匠（大工）をして勢楼四十八と箭櫓千七百を作らせた」とあり（『日本国語大辞典』）、室町時代から存在していたことがわかる。また、応仁・文明の乱の際にも両軍ともに勢楼を築いている。

戦国時代には勢楼が城攻めに盛んに使用されるようになる。たとえば、『信長公記』には「仕寄を付け、捿楼をあげ、金堀に掘らせて攻めるのに勝るものはない」とあり、城攻めの際に勢楼が作られたことがわかる。敵城近くに高い勢楼を作って、敵の様子を探り、高い所から攻撃を加えることで、威圧する戦法が行われていたのである。

同じく『信長公記』には播磨神吉（かんき）城（兵庫県加古川市）攻めの際に、「城楼」を高々と二つ作り、大鉄砲を打ち込んで、塀や矢倉を崩したとある。大鉄砲とは小型の大砲を意味し、勢楼はそれを打ち込む場として作られたのである。弓矢や普通の鉄砲に比べて、大鉄砲は破壊力があり、城攻めには効果的であり、信長は大鉄砲を駆使することで、兵器面で優位に立っていたのである。

この勢楼は北条氏の城内に防衛用に設けられる場合と城攻めに使用される場合の二つが考えられるが、この時期には北条氏は関宿城や水海城攻めを行っているので、それに使用した可能性がある。関宿城（千葉県野田市）と水海城（茨城県古河市）は古河公方足利氏の家臣であった簗田氏の城で、当時は上杉謙信方として北条氏に敵対していた。両城は利根川水系を抑える地点にある関東の重要な戦略拠点であり、謙信も重要視していた。謙信が関東に繰り返し侵入したことは知られているが、この天正二年は謙信が最後に関東に来た年にあたり、北条氏と謙信の最終決戦がこれから行われようとしていた。北条氏にとっては両城を落城させることで、謙信の関東における基盤を喪失させ、しかも北関東への進軍が可能になる。結局、関宿城は同年閏十一月に落城し、以後北条氏は下野など北関東に本格的に進出していく。

つまり、この勢楼は関宿城攻めに使用された可能性が高いと思われる。関宿城は周囲を川や沼に囲まれた場所にあり、攻めるのは困難であった。そこで、勢楼を作って城内の様子を探り、弓矢や鉄砲で攻撃をかけようと計画したのであろう。関宿は関東平野の真ん中にあるため勢楼を作るための用材には恵まれず、それゆえ丹沢山系の材木を運んでくる必要があったと思われる。この点は確定できないが、これらの用材はいずれかの城の攻撃するための勢楼用に使用されたのである。

五六の数は計三百三十八丁にも及び、かなりの数量にのぼる。この数から一つではなく、複数の勢楼を作ったことが窺える。周囲に多くの勢楼を作ることは物理的にも心理的にも、籠城している城兵に圧力を加えることになり、より効果的であったろう。

五六とは何か

ところで、勢楼道具用として製材された五六と幡板はどのようなものであったのだろうか。まず、五六から検討を加えよう。『日本国語大辞典』では五六を「五寸角、六寸角のような堅く太い材木」と説明し、『太平記』巻二十七の「大物の五六にて打ち附けたる桟敷、傾き立って」という用例を挙げている。五六に関しては、武蔵金沢（かねさわ）（横浜市金沢区）の称名寺に残された鎌倉後期の書状の内容が興味深い。

これは宗清という人物が書いたものである。これには、五六の調達を命じられて鎌倉の材木座に来たが、五六が見つからず、やっとの思いで見つけても存外に高いので、極楽寺の人が五六を百丁所有しているのを知り、値段は少々張るが、材木売りと待ち合わせて品定めをすることにしたと記されている。材木座は今も鎌倉に残る地名で、海岸に面していて、夏は海水浴で賑わう所である。鎌倉時代にはその海岸に和賀江（わかえ）津と呼ばれる港があった。材木座は文字通り材木を扱う座があったと推測されている土地で、この書状により実際に材木座で五六と呼ばれる材木が取引されていたことがわかる。

この五六は当然鎌倉に船で運ばれたもので、鎌倉に運ばれる前に五六という形態に製材されていたと考えられる。先に述べた津久井と七沢の場合はまず伐採を行い、その上で五六という形態に製材されていた。これは伐採地近くに製材を行う場所があったことを意味する。いずれにせよ、五六という規格が標準的な材木の規格として用いられており、流通していたのは確かである。

ここで注意すべきなのは五六が丁という単位で数えられていることである。先の津久井と七沢で製材された五六も丁が単位であり、他の史料でもこの点は同様である。物は種類によって数え方の単位が異なるので、単位に注目することで、それがどのような物であるかを推測することができる。この五六と柱が同じ史料に別のものとして記載されている事例があり、五六という規格を知る手掛かりになる。

応永(おうえい)三十一年（一四二四）、鎌倉円覚寺の塔頭(たっちゅう)正続院の造営が行われ、それに使う材木を京相国寺の僧から受け取っている。その際の材木の領収書には八寸方柱が二十九本、六寸方柱が三百十六本、五寸方柱が二百七十四本、五六が二百五丁とある。これによれば、柱は本、五六が丁という単位になっていて、異なっている。柱は方とあるので、断面は正方形で、五・六・八寸の三通りのものがあった。一方、五六はこれらの柱とは別の規格であることは明白である。柱は当然かなり長いものであるが、五六は単位の違いから見ても柱よりは短かったと推測される。

では五六とはいかなる規格であったのだろうか。各種の史料には五六以外に四六(しろく)という規格の材木も見える。この四六を辞典的説明で、四寸や六寸角の材木と説明するのは無理がある。実はこの五六や四六という呼び名が現在も使用されているものがある。それは大谷石（おおやいし）である。大谷石は宇都宮市の大谷から切り出される凝灰岩製の石で、主に塀材として使われており、各地でよく見かける。この石にはいくつかの種類の規格があり、その中に五六や四六と呼ばれるものがある。五六とは断面が五寸と六寸で、長さ六尺の石、四六は断面が四寸と六寸で、長さ六尺の石である。他に六六があり、これは断面が六寸四方のものである。

この大谷石の事例から見て、五六とは断面が五寸と六寸の材木であったと推測されるが、残念ながら長さは不明である。ただ、五六が井桁状に積む勢楼に使用されている点から、その長さがおおよそは推測されよう。この五六に関する推測が正しいとすれば、なぜ断面の縦横が五寸と六寸と異なっていたのだろうか。それは断面が正方形では安定が悪いが、縦が五寸、横が六寸ならば、安定するためであったと考えられる。四六の場合はさらに横が長いため、より安定性が増すことになる。勢楼を組み立てる際にも断面が正方形より長方形の方が安定するので、五六が使用されたのであろう。

幡板と大鋸

次に幡板に関して検討しよう。『日本国語大辞典』では幡板を鰭板・端板・機板とし、壁や塀の羽目板に用いる板、またはその壁や塀と説明している。この幡板という言葉は他の北条氏関係文書に見える。天正十年（一五八二）、相模足柄城に新たに在番する北条氏光に対して、「はた板」を各曲輪に

図2　『三十二番職人歌合』の大鋸引（模型、国立歴史民俗博物館蔵）

付ける普請を行うように命じている。そして、その普請を行うにあたっては、北条氏側から作業のやり方を大工に問いただすとも述べている。また、天正十二年には鎌倉の番匠である源二三郎に小田原に来て、幡板の細工をするように命じている。

これらの点から幡板は主に城郭の板塀として使用され、大工が細工をして板を仕上げてきたことがわかる。では、幡板は具体的にはどのようにして、作られたのだろうか。前にも述べたが板は角材を薄く切って、作り出すものである。鎌倉時代の絵巻物には、角材に楔（くさび）を打ち込み、割って板を作り出す作業が描かれている。一方、大鋸（おが）と呼ばれる二人で引く大型の鋸が鎌倉時代から使用され、室町時代にはかなり普及していたとされている。

『三十二番職人歌合』には大鋸で板を作っている絵が描かれている（図2）。三メートル以上の角材を二人で大鋸を引き、一つの角材から五枚の板を作っている。大鋸の長さは一メートル五〇センチくらいで、三方に枠があり、その枠を持って引いている。これを使用することで、かなり長い板を引くのが可能となった。大鋸は戦国時代にはさらに普及し、戦国大名によって大鋸引きは重宝されていた。

藤沢の大鋸引

北条氏は藤沢（神奈川県藤沢市）と奈古谷（なごや）（静岡県伊豆の国市）の大鋸引に給分を与えて優遇し、必要時には召し使っていた。藤沢の大鋸引は元々は遊行寺（ゆぎょうじ）（時宗の本山）に属し、寺の造営や修理に使う板を製材していた。寺や神社には大きな建物があるので、高度な製材技術や建築技術の必要性が高く、大きな寺社には高い技術を持つ大工が付属し、造営や修理にあたっていた。高度な技術を駆使するには先進的な大工道具も必要であり、大鋸も備えられていた。特に鎌倉には鶴岡八幡宮や建長寺・円覚寺など大きな寺社があり、関東ではこの面では先進的であったと考えられる。実際、天正十六年（一五八八）段階で円覚寺の塔頭帰源院は大鋸一張を所有していた。他の寺社や付属の大工の間にも大鋸が普及していたと見られ、先に触れた幡板の細工を命じられた鎌倉の番匠も大鋸を所有し、それで幡板を製作したと考えられる。

北条氏康は藤沢の大鋸引の棟梁森大工助に、二手の大鋸引を率いて、七沢へ行き、先日引いた大割の板を小割にするように命じている。先に七沢から五六が送られたことを述べたが、津久井からは五六と幡板両方が送られたのに比べて、七沢からは五六のみであった。この違いはいかなる理由によるものだろうか。それは津久井には幡板にするための大鋸が存在したが、七沢には大鋸が存在しなかったため、藤沢の大鋸引を動員したものと考えられる。

この大割の板とは『三十二番職人歌合』に見られるような角材を何分割かしたものを指し、それをさらに大鋸で引いた薄い板が小割の板にあたると考えられる。これにより、大鋸を使った幡板作りの工程はまず角材をいくつかに大きく分割し、それをさらに大鋸で引いて薄く長い板が作られていたことがわかる。

ここに見える手とは大鋸引の構成単位で、大鋸と二人の引手を指し、それを一手と呼ぶ。この場合は二手が動員され、一手は既に五日間、小田原や土肥（どい）で召し使われていた。小田原には角材や五六が集められ、小田原城内の普請場で作業が行われていた。一方、土肥は現在の神奈川県湯河原町と真鶴町全域と静岡県熱海市泉一帯を指す地名であり、ここは材木の供給地であった。

先に述べた北条貞時十三回忌の際に使用された材木は、奥三保以外に伊豆国土肥山（土肥は伊豆と相模の国境にある）からも地頭土肥二郎左衛門尉の手で供給されている。この土肥氏は源頼朝の時代に活躍した土肥実平の子孫である。土肥実平は養和（ようわ）元年（一一八一）の鶴岡八幡宮造営奉行を務めているが、この時に使用された材木も本拠地である土肥から運ばれた可能性がある。このように、土肥は鎌倉時代から材木の供給地であり、藤沢の大鋸引は現地で切り出された木から板を作る作業に従事したのである。

結局、板の製材は小田原城のような普請現場で行う場合と七沢や土肥のような伐採現場で行う場合があった。また、津久井のように伐採と板の製材の両方が行われることもあり、その場合は山造は大鋸を所有していたと思われる。

この藤沢の大鋸引は北条氏当主の配下に属していたが、玉縄城主の北条氏もしばしば雇っている。雇うという手段を取ったのは、動員権が当主にあったためである。玉縄（鎌倉市城廻）は北条氏の支城で、城主は北条氏一族が務めていた。代々武勇の誉れが高く、最前線で活躍していた。天正五年（一五七七）、玉縄城主北条氏繁は下総国飯沼城に新たに進出し、藤沢の大鋸引を雇っている。下総・常陸方面の最前線となった飯沼城では新たな普請が行われ、大量の板材が必要になったため、大鋸引を雇ったのである。いかに大鋸引が重用されていたかがわかる事例である。

材木の筏流し

ところで、津久井や七沢で製材された五六や幡板は相模川河口の須賀に運ばれているが、どのような運送手段がとられたのだろうか。天正十六年に北条氏政が使用する材木三百七十三丁を須賀まで運び、清田氏に渡すことが田名、厚木、田村の筏士に命じられている。これらは相模川沿岸の地名で、田名（相模原市）、厚木、田村（平塚市）の順で川下にあたる。田名の上流が津久井、厚木付近で分かれる相模川支流の上流が七沢や煤ケ谷にあたる。この材木はこれまで述べてきた事例から考えて、これらの場所で伐採されたものと思われる。

筏流しは古代以来各地で行われ、それに従事する人を筏士（筏師）と呼ぶ。京では大井川（今は桂川・保津川）の筏士が有名で、『梁塵秘抄』（後白河法皇が編纂した歌謡集）には「嵯峨野の興宴は鵜舟・筏師・流紅葉」とあり、大井川の風物詩となっていた。大井川の上流の丹波国山国庄は材木の生産地で、この付近一帯から切り出された材木が筏流しで京に運ばれていたのである。

木曾川の上流は良材の産地として有名だが、その材木はダムができる以前は筏流しで下流に運ばれていた。この点は島崎藤村の『夜明け前』にも記述がある。上流部分では丸太一本のみを流す管流しが行われ、錦織（岐阜県八百津町）にあった綱場まで流される。綱場とは川に綱を差し渡し、上流から流れている丸太を塞き止め、そこで筏に組んで、さらに下流に流していく場所である。木曾川の綱場は既に室町時代から存在し、応永二十九年（一四二二）には円覚寺正続院造営用の「材木筏百乗」が綱場を経由して運ばれていた。この点から見て、田名や厚木には綱場に類するものがあり、ここで筏に組まれたと考えられる。

筏士は戦国時代の富士川や天龍川でも活動していた。江尻城（静岡市清水区）主武田信君（穴山梅雪）は初鹿見（静岡県富士川町）の船方衆に筏の奉公をした代償として百姓役を免除している。この初鹿見は富士川の沿岸である。また、徳川家康は加島氏に以前のように筏流しを行い、奥山から材木が下ってきた時には兵粮を支給すると述べている。奥山は天龍川の上流地域を指し、天龍川でも筏流しが盛んに行われていたことがわかる。富士川と天龍川の上流は山林資源が豊富なところであり、そこで伐採された木は筏で下流に流されていた。そして、武田氏や徳川氏は筏士に特権を与えて優遇し、必要な材木を確保していたのである。

北条氏の場合も相模川の筏士に諸役免除などの特権を与えていたと思われる。筏は一般には丸太を流す。五六もかなりの大型の材木だが、丸太ほど大きくはないので、筏に積んで流されていたと考えられる。幡板の場合も筏にはならないので、やはり筏に積んで下したのではないだろうか。

天城山の材木

北条氏の主要な材木供給源は丹沢山系であったが、他に伊豆も重要であった。伊豆半島の最高の山は天城山で、戦国時代には狩野山と呼ばれていた。北条氏は天正年間後半に伊豆国桑原郷（静岡県函南町）の百姓に狩野山や伊東山に入り、大野・仁杉（ひとすぎ）氏の指示に従って材木を受け取り、伊東（静岡県伊東市）まで運ぶことを何度も命じている。その材木の使用目的は「平門材木」「御門材木」「君沢修渡之板材木」「さゝ板」である。

「平門材木」「御門材木」は城郭の門に使用するものである。当時の城郭の門には「平御門」と「二階御門」の二種類があり、「平門材木」とは平屋の門用の材木を意味する。君沢とは君沢郡のことで、伊豆半島の西北部一帯を指し、西側は駿河湾に面している。天正年間後半には豊臣秀吉による攻撃が伝えられ、北条氏はそれへの対応に躍起になっていた。君沢は駿河国に接するので、北条氏にとって最前線にあたり、そこに強力な防衛線を敷く必要があった。君沢郡内の重要な城としては長浜城（静岡県沼津市）があり、北条水軍の拠点となっていた。よって、「君沢修渡之板材木」は主として長浜城の修築用の材木や板を意味するのだろう。「さ、板」とは「細細板」のことで、薄い板のことを指すのだろうか。

このように秀吉の来襲に備えて、北条氏は天城山などで盛んに伐採を行わせていた。長い間の戦乱により、山林の伐採が行われてきたが、この危機的状況はさらに伐採に拍車をかけることになり、山林資源の枯渇を招いたと考えられる。

伊東の港と大野・仁杉氏

桑原郷の百姓は大野・仁杉氏の指示に従って材木を伊東まで運ぶように命じられているが、この両氏はどのような性格の人物であったのだろうか。

まず、大野氏は伊東にある神明社（しんめいしゃ）（現天照皇大神社（あまてらすこうたいじんじゃ））にある天正十六年（一五八八）の棟札（むなふだ）に名が見る。棟札とは建築の棟上げの際に棟木に打つ札で、施工した年月日、施主や寄進者、大工などの名が記されているものである。この棟札には大野民部丞定吉が材木を寄進したとある。この材木も天城山などで切り出されたもので、大野氏は私財として材木を所有していた。このことは大野氏が伊東を基盤とし、材木を集積できる立場にあったことを推測させる。伊東は相模湾に面し、北条氏の本拠小田原とすぐに連絡できるため、伊豆半島東海岸の港として重要視されていた。伊東に陸路で運ばれた天城山の材木は伊東の港から各地に運ばれていった。

つまり、大野氏は北条氏の配下にあって天城山の材木を管理・運搬すると同時に、材木を扱う商人的な存在であったと考えられる。大野氏は材木で得た利益に対する感謝の意を込めて、神明社に材木を寄進したのだろう。材木は広範な需要があり、それを扱うことで多くの利益が得られる。一般的な史料では北条氏による材木の徴発事例のみが目立つが、北条氏家臣や小田原などの町人も材木を必要としていたはずであり、商品として流通していた材木も多かったと思われる。こうした需要も小田原に近い伊豆の山林伐採に多大な影響を与えたはずである。

もう一人の仁杉氏はどのような人物であったのだろうか。『所領役帳』によれば、仁杉伊賀（幸通）は北条氏から材木の差配を命じられ、給分を与えられている。つまり、天城山の材木の差配を行ったのは北条氏から命じられた職務の一環であったのである。他に幸通の弟正通と思われる仁杉五郎三郎が奈古屋（伊豆の国市）で給分を与えられている。この五郎三郎は天文十九年（一五五〇）に北条氏康の正室が使用する桶の調達を命じられている。

桶は複数の板を箍で巻いて固定したもので、鎌倉時代から日本に存在し、室町時代に広範に普及した。北条氏は鎌倉の結桶師に給分を与えているが、鎌倉では桶の需要が多かったため、専門の職人がいたのだろう。桶の用途として重要なものに酒や味噌などの醸造用がある。室町時代から鎌倉の寺では味噌作りが行われており、醸造用の桶は必需品であった。

桶の板は杉のことが多いが、仁杉氏が調達した桶は何で作られていたのだろうか。後でも触れるが、天城山では杉と檜が北条氏により伐採規制を受けていたので、仁杉氏は天城山で採取された杉を板に加工して桶を作っていたのだろう。あるいは仁杉氏が配下に桶職人を抱えていたのかもしれない。つまり、伊東には天城山で取れる杉を利用して桶を作る職人がいたと考えられる。

水軍増強と造船

建築物以外の材木の主要な需要に船があり、造船も山林資源の在り方に多大な影響を与えていた。これは北条氏は武田氏や里見氏に対抗するため、水軍の充実に力を入れ、盛んに造船を行っていた。武田氏や里見氏も同様であり、戦国時代には造船用の材木の需要はかなりのものであった。

北条氏と武田氏は同盟と対立を繰り返していた。天正六年（一五七八）三月に上杉謙信が急死したが、その時点では北条氏と武田氏は同盟関係にあった。しかし、謙信の跡目争いの発生により、同盟関係にひびが入った。謙信の後継者には上杉景虎と上杉景勝がいた。景虎は北条氏康の子三郎氏秀で、元々は謙信のもとに人質として送られ、その後養子となり、景虎の名を与えられた人物、一方の景勝は長尾政景の子である。両者の間で争いが発生し、最初は北条氏と武田氏が連携して、景虎を支持するために出兵したが、勝頼は景勝と講和し、これにより北条氏と武田氏は対立関係となり、駿河と伊豆は両者の境界地域として緊張が走った。

天正九年六月、北条氏は駿河（するが）国獅子浜（静岡県沼津市）の植松氏に対し、新たに造船を命じ、その代わりに諸役を免除した。獅子浜は伊豆半島西海岸の村で、駿河湾に面していて、武田方の水軍の攻撃を直接受ける場所に位置していた。なお、駿河の大部分は武田氏領国であるが、狩野川下流の南側は北条氏領国であり、そこに位置する獅子浜も北条氏領国に属していた。勿論、この造船命令は武田水軍に対抗するためのものである。獅子浜やその周辺は漁業や水運業が盛んな村であり、元から多くの船を所有し、造船能力も持っていた。北条氏はこうした点に目をつけて、造船を行わせて水軍の増強を図っていたのである。

さて、武田氏は天正十年に滅亡し、駿河は徳川氏領国となった。同年六月の本能寺の変後に北条氏と徳川氏は対立したが、結局は講和し、両者は同盟関係を結んだ。しかし、豊臣秀吉による北条氏討伐の噂が伝えられ、駿河と伊豆は再び緊張状態に陥り、天正十七年（一五八九）には秀吉の来襲が確定的となっていた。同年十二月、伊豆西海岸の雲見（くもみ）（静岡県西伊豆町）の領主高橋氏は四板船二艘を造り、諸役免除を北条氏から許可された。これはまさに秀吉来襲に対抗するための造船である。四板船とはその名前から四方を板で作った準構造船であったと推測される。このことからわかるように、造船には板が必要であり、特に長い板が多数必要であったはずである。この種の長い板は先に述べた大鋸を使用して製作されたと考えられる。

水軍用の大型船の購入

水軍の増強のために、北条氏は伊豆半島西海岸を中心に造船を奨励していた。水軍用の船は大型船の方が好ましく、そうした船は北条領国内では造船が困難であったと思われ、北条氏は領外から船を購入していた。天正十七年三月には買い取った「東海船」を西浦（静岡県沼津市）から伊東まで乗り届け、仁杉・安藤氏に渡すように、長浜の大川氏に命じている。これも秀吉来襲に備えたものであり、かなりの大型船であったろう。この仁杉氏は先に述べた仁杉氏と同一人物であり、伊東港における船の差配をしていた。結局、仁杉氏は伊東とその港を拠点として、材木調達・桶の製作・船の管理といった多角的な活動を行っていたのである。

この東海船は北条氏領国外で造船されたものと見られるが、戦国大名の水軍増強の需要を見越して、各地で造船が行われていたことを暗示する。なお、別の史料には「伊勢東海船」という船の名も見られるので、この船は伊勢で造られた可能性がある。伊勢は戦国時代以前から大きな船で各地と交易を行っており、造船も盛んであった。

他にも買い取りを示唆する事例がある。永禄元年（一五五八）、北条氏は伊豆半島沿岸の船乗りに対して、伊東に集まり「熊野新造」に乗り込み、清水（静岡市清水区）から網代（あじろ）（静岡県熱海市）まで、杉の柾（まさ）、榑（くれ）、「ほう」を届けるように命じている。この船は名前から見て、熊野で造船されたものを北条氏が買い取ったものと考えられる。熊野は中世には熊野の水軍が活動したことで知られ、当然の如くその基盤となる造船も盛んであったろう。

熊野には豊富な森林があり、近世には熊野杉が江戸幕府の御用木として利用された。熊野杉の主産地は吉野郡の北山郷（奈良県上北山村・下北山村）で、北山川や熊野川を利用して河口の新宮まで運ばれていた。この北山からは先に述べたように、方広寺造営用の榑も切り出されており、榑も船板に使用されるので、この熊野新造の船は杉や榑の板を利用したと考えられる。

この事例からは清水には杉の柾と榑が集積されていたこともわかる。清水は駿河の中心的な港で、この時点では今川氏と北条氏が同盟関係にあったので、領国をまたいだ交易が行われていたのである。後に武田信玄が今川氏真を滅ぼして駿河を支配した際に、武田信君を江尻城主としたのも清水港を支配する目的があった。

柾とは柾目取りの板を指すと思われ、木目がまっすぐ通ったものである。榑は一定の規格の角材で、律令の規定では長さが一丈二尺（三メートル六〇センチ）、断面の幅が六寸（一八センチ）、厚さ四寸（一二センチ）であったが、鎌倉幕府の規定では長さが七尺または八尺とされ、律令の規定よりかなり短くなっていた。戦国時代の榑の規格は不明だが、これに類するものと考えてよいだろう。一方、「ほう」とは何のことだろうか。中世の史料には角材に関して、方何寸とか一尺といった記載があるので、断面が正方形の角材を指すと思われる。このように、戦国時代には杉の角材や板が流通しており、杉林の伐採もかなりの頻度で行われていたのである。この杉は清水より西から運ばれてきたものと考えられるので、天龍川の上流あるいは熊野産であろう。

大型船の造船

このように、北条氏など戦国大名は水軍増強のために造船を奨励し、領国外からも船を購入していた。織田・豊臣期には大型化がさらに進行した。『信長公記』によれば、元亀四年（一五七三）に信長は琵琶湖沿岸の佐和山（滋賀県彦根市）で、長さ三十間（約五四メートル）、横七間（約一二メートル）、櫓が百挺、艫と舳に矢倉がある船を造らせた（ただし、これは特に長さが大きすぎると思われる）。造船にあたっては、近江国中の鍛冶・番匠・杣といった造船に必要な職人を総動員している。鍛冶は後で詳しく述べるように、主に釘を製作する。

また、天正二年（一五七四）には信長は一向一揆が立て籠る伊勢長島を攻撃した。その際に志摩を本拠とする九鬼嘉隆、さらには滝川一益・水野監物（尾張常滑城主）らは「あたけ舟」に乗り込んでいた。「あたけ舟」とは安宅船のことで、これ以降は大型軍船の代名詞として、各種の史料で使用されていく。安宅船の語源は紀伊の安宅浦、海賊として活躍していた安宅氏に由来するなど諸説あるが、信長の家臣が造船した大型舟が安宅船と呼ばれたことは確かである。

こうした大船同士による海戦も行われた。信長は元亀元年（一五七〇）に大坂の本願寺攻撃を開始し、その後両者の間で熾烈な戦いが繰り広げられた。本願寺に対しては毛利氏の水軍が兵粮を運ぶなどの援助を行った。天正四年（一五七六）七月には能島・来島水軍などが本願寺に兵粮を入れるために、八百艘の大船に乗って大坂湾に入った。能島・来島は瀬戸内に浮かぶ島で、村上氏が率いる海賊の根拠地として知られ、毛利水軍の主力をなしていた。

これに対して信長側も二百余艘の船を出し、兵粮の運搬を阻止しようとした。この時の戦いに関して、村上氏など毛利方の水軍の大将一五人が毛利氏に報告した注進状によれば、信長方は勢楼を組み立てた大船を中心にして、周囲を二百余艘の船で警護していたが、毛利方の攻撃によって大船は焼き崩れ、数百人が討ち取られている（「毛利家文書」）。

『信長公記』によれば、毛利方は「ほうろく火矢」というものを作って、船に投げ入れて焼き崩している。「ほうろく」とは焙烙（ほうろく）のことで、一般には平たい土鍋のことを指すが、この場合は土鍋状の入れ物の中に火薬を入れて、爆発させたものと考えられている。また、大船に勢楼が存在した点も注目され、これは船上に櫓を組んだいわゆる安宅船にあたる。勢楼付きの船がこれ以前にあったかは不明だが、注進状にわざわざ明記していることからすれば当時は珍しく、信長が毛利水軍に対抗するため、わざわざ造らせたのは確実である。

この敗戦に対して、天正六年に信長は志摩国の九鬼嘉隆に大船六艘を新たに造船させている。この大船も安宅船と呼ばれたのだろう。同年十一月に六艘の大船が備えつけられた大鉄砲（青銅で作られた大型の鉄砲）によって、大坂湾で毛利方の水軍を撃退した話は一般にも知られている。宣教師のオルガンティノはこの船は鉄板で装甲されていたと報告している。この装甲は鉄砲は勿論のこと、「ほうろく火矢」による攻撃を防ぐために装備されたものであり、信長が先の敗戦の教訓を生かして、より重装備の大船を造らせたことが窺える。

この大船のことは奈良の多聞院英俊も記していて、世間の耳目を騒がせていたことがわかる。英俊の日記（『多聞院日記』天正六年七月二十日条）には次のように書かれている。「堺浦（大阪府堺市）に伊勢からの大船が着いた。人数五千人ほど乗り、横七間、縦十二～三間あり、鉄砲が通らない用意をした鉄の船で、大坂の本願寺への通路を封鎖するためのものである」しかし、一艘で五千人も乗れるはずもなく、実際には六艘なので、八百人余りとなり、それでも多すぎるが、とにかく大きいことが誇張して伝えられたのだろう。

信長による造船用の木の伐採

こうした大型船の造船には大量の船板が必要であり、それに伴い多くの山林が伐採されることになる。元亀四年（一五七三）の場合は多賀の山中から材木が切り出されたが、そこには多賀神社という由緒ある神社があり、周囲の山は伐採が禁じられていたため、大木が存在していたと思われる。信長はこうした山林の状況に目をつけて、強制的に伐採を行わせたのだろう。

同様の方法で信長が材木を調達した事例がある。天正七年（一五七九）十二月、信長は石清水八幡宮（京都府八幡市）の造営を命じ、鍛冶、番匠、大鋸引、葺師、鋳物師、瓦焼を召し寄せた。そして、造営用の材木は大和国の三輪山から取らせた。三輪山は大和三山の一つで、山麓に大神（おおみわ）神社があり、三輪山を神体としているため、拝殿のみで神殿がないことで知られている。三輪山は古代から神聖視された山であり、当然山の植生は守られていた。そのため、三輪山には良木が多く存在し、信長はその良木を使って造営を行わせたのである。古代以来神聖視されてきた山に手を付けたことは、まさに信長による神をも恐れぬ行為であり、比叡山焼き討ちにも通じるものと言えよう。いずれにせよ、こうした行為により、従来は神や神社の権威によって守られていた森林が伐採の憂き目にあい、植生が一変してしまったのである。

これに対して、天正六年の場合は『信長公記』には造船地や船材の調達方法は記されていない。しかし、信長は家臣松井友閑に対して、この船のことを「勢州大船」と述べており、伊勢で造られたことがわかる。船材の供給地に関しては、先に熊野で造船が行われていた事例を述べたが、伊勢と熊野は近いので、この場合も熊野産のものを使用したのではないだろうか。このように、信長は鉄板・矢倉・大鉄砲という重装備を備えた大船を造らせ、造船の在り方を変えた。こうした造船技術の革新はその後も進行し、軍船は勿論のこと、南蛮貿易用の商船も大型のものが次々と造られていった。

朝鮮侵略には多数の船が必要

こうした状況下で、豊臣秀吉による朝鮮侵略が行われたが、その際には軍船、さらには兵員や兵粮運搬のために多数の船が必要となった。この時には各地から船や水夫が徴発され、さらに造船も行われていた。その状況の一端が『家忠日記』に記されている。

文禄（ぶんろく）元年（一五九二）十二月二日、松平家忠は江戸の本多正信から、秀吉から船板の徴発命令があったことを伝えられた。そして、六日には大久保長安から上総の大多喜（千葉県大多喜町）で船板を取るので、人を寄越すように命じられた。この船板取りは延期されたが、勿論これは朝鮮に渡海する船用の板である。この船板の徴発は徳川氏のみでなく、各地の大名に命じられたはずであり、その数量は相当のものであったろう。

さらに翌年二月には「筑紫大船」を包むための「くろかね板」の納入が家忠に命じられた。その割当は一万石に付き百五十枚であった。「くろかね板」とは鉄板のことであり、朝鮮へ渡海する大船を包むためのものであった。これも勿論家忠のみに賦課されたのでなく、徳川家康の家臣全体さらには他の大名にも賦課されたのであり、総計すると膨大な枚数であった。鉄は刀・鑓・鉄砲の原料であり、戦争に伴い、鉄の需要が増加していった点にも注意が必要である。しかも、鉄の生産や武器の製造にあたっては、大量の炭が必要となるのである（この点後述）。

秀吉による大陸への侵攻は失敗に終わったが、東南アジアなどとの交易への欲求は強まり、大船が日本と東南アジアを行き来するようになった。近世初期には朱印船貿易が盛んになり、それに伴い大船が建造されていった。戦国後期から近世初期にはヨーロッパ人が東南アジアや東アジアに進出し、日本が初めてヨーロッパと接触した画期的な時期であった。慶長元年（一六〇〇）、オランダ船リーフデ号が豊後に漂着し、乗船していたウイリアム・アダムス（三浦按針）とヤン＝ヨーステンが徳川家康に仕え、特にアダムスはイギリスで造船を学んでいたため、造船技術にも精通しており、朱印船貿易を行ったことで知られている。アダムスは伊豆の伊東で最初の洋式帆船を造船したと伝えられている。そして、この伊東では江戸幕府が寛永十一年（一六三四）に安宅丸（阿武丸）という前代未聞の大船を建造している。安宅丸は安宅船に由来する名称である。前述したが安宅船は戦国後期以降の軍船の象徴的な名前で、周囲を角材や板さらには鉄板で囲み、城郭の櫓一～三棟を設け、大砲を装備している。技術的には造船と築城技術をミックスしたものであり、まさに戦国時代の申し子のような船であった。この安宅丸は材木一万千六百石余、鉄釘百トンなど大量の物資を使って作られたと推測されている（『国史大辞典』）。この船が伊東で作られたのは、木材の確保に加えて、アダムスの先例に基づき地元に造船技術が蓄積されていたためであろう。

海戦を支える船番匠と鍛冶

このような近世初期の造船は戦国時代の造船技術や船材製作、さらには船板・材木の流通が前提となって実現した。この点に関して補足しておこう。船大工は戦国時代には船番匠と呼ばれ、北条氏は船番匠の徴用を図っていた。たとえば、天文二十四年（一五五五）には松崎（静岡県松崎町）の船番匠の弥五郎に対し、年間三十日は公用のみで徴用し、それを超えたならば作料として五十文を支払うと述べている。また、棟別銭は免除し、どこで造船を行っても即座に馳せ参じるように命じている。

松崎は伊豆半島西海岸の良港であり、そこでは船番匠が造船に従事していた。この弥五郎は腕の良い番匠であったため、北条氏に見込まれて徴用されたのだろう。北条氏が自前で造船を行うには、船番匠を確保しなければならず、同様の徴用方式が各地の船番匠に対して行われていたはずである。

ところで、船を造るには材木のみでなく、釘も必要であった。釘を製作するのは鍛冶であり、鍛冶の徴用も行われた。永禄十年（一五六七）、北条氏は金沢・釜利谷（かまりや）（以上横浜市金沢区）・日野（横浜市港南区）・青木（横浜市神奈川区）の鍛冶に対して、すぐに浦賀（神奈川県横須賀市）に来るように命じた。浦賀は三浦半島の良港で、東京湾の北条水軍の中心的な港であった。当時、北条氏は房総の里見氏と敵対しており、両者の間で激しい海戦が行われていた。そのため、北条氏は浦賀で水軍の増強を図り、造船を行っていて、そのために鍛冶が徴用されたのである。鍛冶の徴発目的は釘さらには碇を製作させるためであろう。

船を固定させるための碇は古代以来存在し、中世には鉤状の木に細長い石を付けたものが使われていたが、室町時代には四つの鉤が付いた鉄の碇が出現していた。戦国時代には鉄製の碇が普及していたと思われ、その製作も造船に付随していた。鍛冶が碇製作に携わっていた可能性はあるが、実際にはどうだったのだろうか。北条氏は三島（静岡県三島市）の鋳物師に対して、伊東で鉄を吹くので来るように命じている。何度も述べているように、伊東は良港であり造船が行われていた場所である。よって、この鋳物師の動員も造船に関わるものとなり、それは碇製作の可能性が高い。

北条氏は鋳物師に「踏鞴（たたら）」を踏むようにとも述べているが、踏鞴とは風を送る装置で、これで炭の燃焼を良くして高温にして、鉄を溶かすのである。そして、溶かした鉄を鋳型に入れて、製品を作るのだが、この場合は碇や釘の材料を製作したのだろう。鋳物師は一般的には銅製品を作るイメージがあるが、この場合のように明らかに鉄製品を作る場合もある。次に述べるように、鍛冶は建設現場では釘を作るのがほとんどであり、鋳物師は碇、鍛冶は釘と造船現場では分業が行われていた。また、鋳物師が作った碇を鍛冶が曲がり具合などを修正し、打撃を加えることで強固にすることも行われていたのではないだろうか。

鍛冶炭の使用量

鍛冶にせよ鋳物師にせよ、作業をする上で炭が必要であるが、どのくらいの量が使用されるのだろうか。次の事例を見てみよう。永禄十一年(一五六八)、北条氏康は江間(静岡県伊豆の国市)の鍛冶八郎右衛門に土肥御殿の釘を打たせるので、韮山城に来るように命じている。そして、作るべき釘の数と受け取ることになっている鉄・炭・公用の内訳を記した朱印状を出している。これによれば、「小下桁本ホリ」という釘を計八百七十本製作し、釘一本に七匁の鉄、合わせて六貫九十匁、炭六俵が支給された。また、「五連釘本ホリ」という釘を三千本製作し、釘一本に二匁半の鉄、合わせて七貫五百匁、炭七俵半を支給された。この朱印状は最初の方が欠けているが、残された文字から「大下けた本ホリ」という釘を四百本製作し、釘一本に十四匁、計五貫六百匁、炭五俵半を支給されることになっていた。

釘は用途によって長さや太さが異なり、当然使用する鉄の量も釘の種類によって変化していく。この場合は「小下桁本ホリ」の方が「五連釘本ホリ」よりも、一本あたりの鉄の重量が二・八倍なので、長さは二倍程度あり、しかも太かったと考えられる。鉄と炭の関係はほぼ鉄一貫（三・七五キログラム）に炭一俵であり、この割合が鍛冶における炭の消費量であった。また、一日に「五連釘本ホリ」を二百本作ることになっていたので、徴発された日は計一五日である。公用は「一ほと」で一日あたり三十四文支給されており、北条氏の職人への公用支給は十七文なので、「一ほと」を二人で作業していたことがわかる。「ほと」とは火床のことで、鍛造用の炉のことである。つまり、鍛冶は火床を設置して、二人で鉄を打ち釘を仕上げていたのである。合計すると炭は十九俵であり、一日に約一・三俵使用したことになる。

これが鍛冶が使用する炭の目安となるが、鋳物師の場合は鉄や銅を溶かすため、より多くの炭が必要であったろう。このように造船や建築現場で使用される炭もかなりの量に上った。先の安宅丸のような巨大な船の場合は釘の量も莫大であり、その製作に必要な炭も比例して大量になる。こうした現場で使用する炭を北条氏は先に煤ケ谷の事例で触れたように、上納すべき村を指定して納めさせていた。

伊豆の炭焼き

ところで、韮山城や伊東での造船の際に鍛冶や鋳物師が使用した炭はどのようにして確保されたのだろうか。近世の伊豆半島では豊富な山林資源を利用した炭焼きが行われ、江戸にまで出荷されていたことが知られているので、やはり伊豆半島で焼かれたのは間違いない。そこで、戦国時代の伊豆における炭焼きに関する事例を検討しよう。

伊豆半島の中央には天城山付近を源流とする狩野川が北に向かって流れている。狩野川は上流は山間部、中流では鎌倉北条氏の館跡のすぐ脇、韮山城の近くを流れ、最後は沼津に注いでいる。ちなみに、鎌倉時代の北条氏の館や堀越公方の屋敷は狩野川に接して設けられており、狩野川を利用した物資の流通を統制する目的があったと考えられる。その物資の中心は材木や炭であったろう。

狩野川の上流部の大平之郷（おおだいら）と柿木郷（かきぎ）（以上伊豆市）の間で天正九年（一五八一）炭焼きをめぐる争論が起き、北条氏に訴訟が持ち込まれた。事の起こりは柿木郷の百姓が大平郷の山に入って、炭焼き用の木を伐採したことであった。これを大平郷の百姓は違法とし、北条氏に訴え出て、その結果次のような判決が出された。公儀ではないのに他領の山で炭焼き用の木を切るのは違法であり、柿木郷側が敗訴した。以前にも柿木郷の百姓が船原郷の山に入った時に、船原郷が太刀を取り上げた事件があり、その時も北条氏は柿木郷側を敗訴とする判決を下している。

この判決から柿木郷の百姓が近隣の山に入り、炭焼き用の木を伐採し、それを阻止しようとする側との間で争いが繰り返し起きていることがわかる。こうした柿木郷の活動にはそれなりの根拠があった。柿木郷には伊勢宗瑞に滅ぼされた狩野氏の惣領の城があった。狩野氏は鎌倉時代以来続く武士で、惣領は代々狩野介を名乗り、狩野川流域一帯を支配していた。その本拠たる城が郷内にある柿木郷は狩野氏の権威を背景に持ち、元々はどこの山でも木を伐採する権利を認められていたと思われる。しかし、戦国時代には村（郷）ごとに自村の領域を確定し、山を囲い込もうとする動きが起き、柿木郷の活動が非合法になり、北条氏もどこでも伐採を行う行為を禁止するようになっていた。これには多くの村が盛んに炭焼きを行うようになり、その資源となる山を獲得しようとする指向も背景にあったのだろう。

公儀と入会

こうした村落間の争いが頻発する中で、北条氏は柿木郷が元々持っていたような広域的な伐採権を別の論理で認定していた。その論理とは公儀である。先の判決では公儀でないのに、伐採を行うことを禁止しているが、逆に言えば公儀ならば伐採は認められるのである。公儀は近世においては江戸幕府、さらにはそれを体現する将軍を指すが、戦国時代には北条氏など戦国大名が自らを公儀と称し、領国において自らを公的な地位に立つものとして、その支配権を正当化していた。公儀の論理が現れた典型的な事例の一つが今まで述べてきた軍需物資や人員の徴発であり、国を防衛するという公的な論理により、それを可能にしたのである。

その論理は北条氏に対して、炭や材木を上納する場合にも適用され、公儀というお墨付きをもらえば、どこの山の木でも伐採できたのである。勿論、これは一部の特権的な村や特別な者のみに認められた権利であり、一般的にはそうした権利を抑制し、村の領域を確定する方向にあった。しかし、村の領域を完全に決めてしまうのは困難であり、境界をきっちり決めずにあいまいな部分を残しておく必要があった。

判決では次のことも述べている。大平郷の山は十里四方がその領域で、その外側は「入籠(いりごみ)」なので、柿木郷の者が入って伐採しても大平郷側は文句をつけてはならない。「入籠」は今ではなじみのない言葉だが、「入込」とも書き、基本的な意味は色々な人が特定の場に入り交じることで、男女の混浴も「入籠」と言った(『日本国語大辞典』)。この意味が木や草を採取する場所を複数の村が共同で利用する行為にも転じて使われ、大平郷の山の十里より外では大平郷と柿木郷が炭焼用の木を共に伐採することを認められたのである。こうした共同利用の関係を一般には入会(入合)と呼び、これは現在でも使われている言葉である。

つまり、北条氏は一定の領域を大平郷の山とし、その周辺を入会として柿木郷の百姓にも利用を認めたのである。これは柿木郷が従来から持っていた伐採権の一部を入会という形態で認定したもので、柿木郷の不満を少しでも解消しようとする意図があった。ちなみに十里とあるが、近世の一里が三十六町(約三九〇〇メートル)であったのに対し、北条氏領国では一里が六町(約六五〇メートル)であり、その範囲が大平郷の山とされた。

炭焼きと木の伐採

こうした山をめぐる争論が発生したのは炭や材木の需要が増加したことが背景にある。需要の増加により、自給用のみでなく、商品としての生産も広がり、炭焼きや材木伐採に従事する村落を増やしたと考えられる。北条氏はそうした動きを利用し、必要時には炭を徴発したり、購入していた。そのようにして確保した炭を動員した鍛冶や鋳物師に支給したのである。北条氏による炭の確保方法には次のような手段もあった。

永禄四年（一五六一）に、北条氏は武蔵多摩郡に住む栗原彦兵衛に対して、「御家中炭焼之司（つかさ）」に任じるので、他の者たちと談合して、炭釜を作り、毎月炭を納めるように命じている。「司」とは組織のトップを意味するが、この命令は彦兵衛を炭焼たちのトップとし、他の者を配下として組織させ、恒常的に炭焼きを行わせて炭を確保しようとする狙いがあったのだろう。この場合は他の者と談合せよとあるので、彦兵衛は絶対的な地位にはなく、本来は他の者と対等の立場にあったが、北条氏は司というトップを創出して、組織的な炭焼きを行わせようと図ったのである。

炭焼き自体は一般の百姓が余業としても行っていたが、農業など他の生業もあり、専業というわけにはいかず、それに頼っていたのでは恒常的な炭の確保は不可能であった。それゆえ、炭焼きの専業組織の育成が行われたのである。多摩郡は山林資源が豊富な地域であり、炭焼き用の木も多く、炭焼き育成には絶好の環境にあった。

第三章　合戦・城攻めに使われた武器武具

軍団編成で最大の人数は鑓持

ここまで舟橋、尺木(しやくぎ)、城郭、建築物、大船などを製作するために、柱材、角材、板、炭という形態で山林資源が利用されたことを述べてきたが、合戦の場では他にも様々な山林資源が必要であった。合戦絵巻やテレビで放映される合戦シーンを思い浮かべてみよう。

当時の合戦における主要な武具は何であろうか。北条氏は各武士ごとに、率いてくる軍団の構成と武具の内容を定めている。これを研究上では「着到書出(ちやくとうかきだし)」と呼んでいる。この書出に記されている武装の内容に関しては、藤本正行氏の研究があるので（「戦国期武装要語解」）、これに基づいて軍団編成における主要な武具、武装の内容、武具の材料に関して、検討しよう。次に挙げたのは、宮城泰業という貫高二百八十四貫四百文の武士に命じられた武装の内容である。

三本　大小旗持　具足・皮笠
一本　指物持(さしものもち)　同理
一張　歩弓侍　甲立物(たてもの)・具足・指物しない地くろニあかき日之丸一ッ

二挺　歩鉄砲侍　同理
十七本　鑓　二間々中柄（にけんまなかえ）　具足・皮笠
七騎　馬上　具足・甲大立物・手蓋（てがい）・指物何にても
一騎　自身　具足・甲大立物・手蓋・面肪（めんぼう）　馬鎧金
四人　歩者　具足・皮笠・手蓋
以上卅六人

戦国時代の武士は支配している所領の貫高に基づいて、軍役を賦課された。貫高を単純に引き連れている人数で割れば、約八貫で一人となる。宮城氏は計三十六人を率いることになっているが、約半分の十七人が鑓持で、当時の軍団編成で最大の人数は鑓であった。このような多人数の場合は他の着到書出でも、やはり鑓の人数が卓越している。では貫高が少ない小身（しょうしん）の武士の場合はどうであったのだろうか。小身の場合は自身を含めて二人の場合はもう一人は鑓である。また、自身を含めて三人の場合は他の二人は鑓と指物持であり、必ず鑓が含まれている。このように、鑓が軍団編成の中で最大の人数を占めていた。

では、その鑓は何でできていたのだろうか。鑓の穂先は鉄だが、柄の部分は各種の史料に竹柄または木柄とあるので、木または竹であった。鑓の長さはこの書出に二間々中柄とあるので、二間半であったことがわかるが、他の史料では三間の場合もある。なお、武田氏は三間、織田氏は三間半であり、信長は最も長い鑓を採用していた（前掲藤本論文）。

木は竹に比べれば固いので好ましいが、鑓が長くなると重くなるという欠点がある。一方、竹は軽く持ち運びに便利だが、簡単に切られやすく、またどうしてもしなってしまうために真っ直ぐに突きにくいという欠点がある。しかし、竹は木に比べれば、入手自体は容易である。木は都合の良い長さと太さの木を選んで伐採するという手間がかかるが、竹は竹林さえあれば、簡単に切って加工できる。こうした利点があるため、竹の柄の鑓の方が多く採用されていたと考えられる。

一万人の合戦には少なくとも一万本の竹

この書立の三カ所に見える指物とは具体的にはどのような物であろうか。以下藤本氏の論文に基づいて説明を加えよう。指物は具足の背中にある筒に棹を差し込んだもので、それに旗が付いているものである。棹の材質はこの書出に「しない」（撓）とあるように、よくしなう竹であった。撓には真っ直ぐなものと反りがついたものがある。指物の長さは他の北条氏関係史料では一丈二尺（三メートル六〇センチ）であり、かなり長いものであった。旗は家紋や模様など様々なものがあったが、この書立では黒地に赤い日の丸であった。一方、最初に記されている大小旗は基本的には指物と同じだが、もう少し長いものであったと推測され、大旗を一丈五尺としている史料がある。

なお、両者の違いに関しては、近世の『武用弁略』には旗指物として、小旗、シナヒ、靡（なびき）の三種の絵があるが、それぞれ微妙に異なっている（図3）。小旗は書立に見える大小旗・大旗・小旗にあた

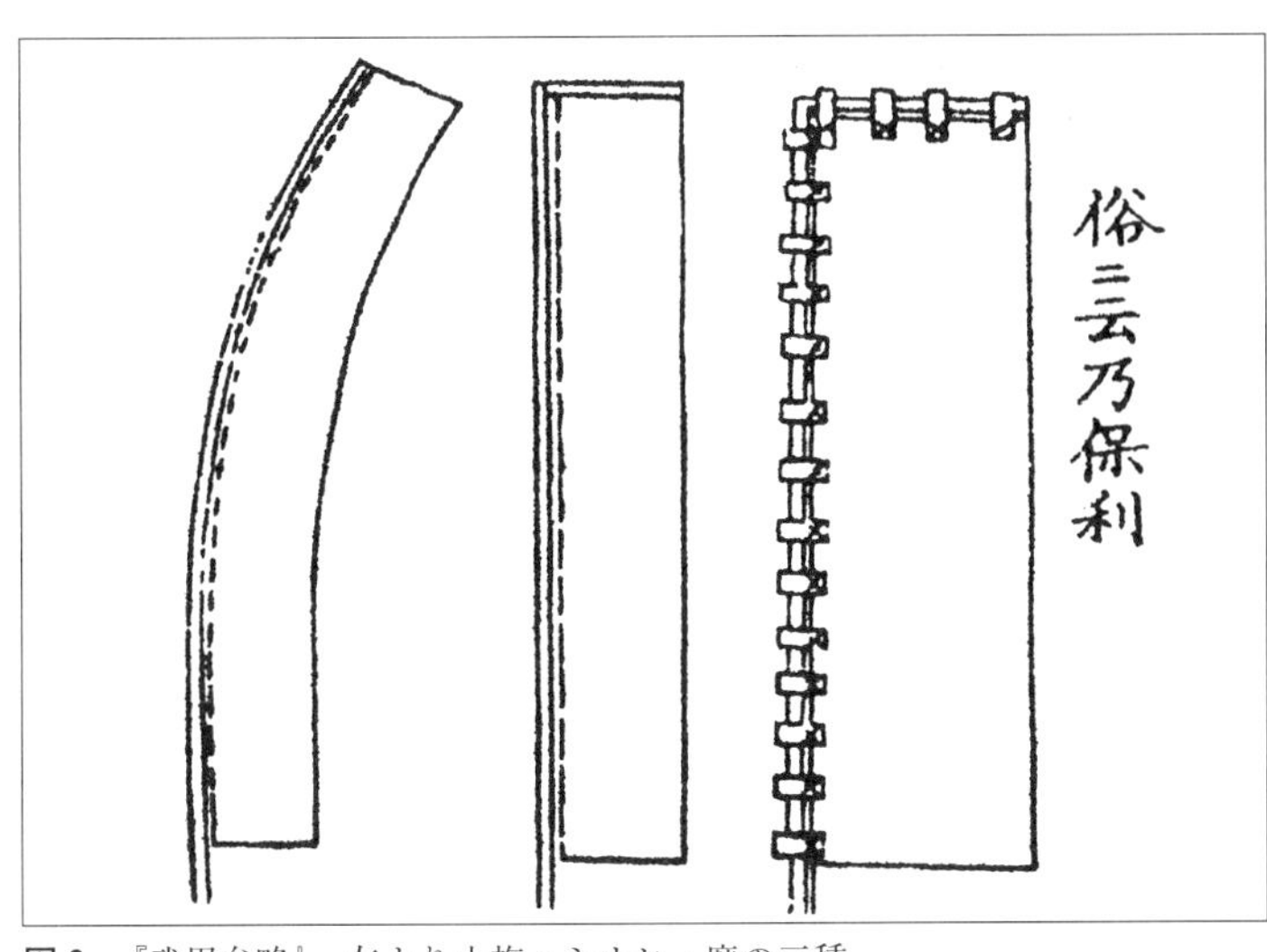

図3　『武用弁略』　左より小旗・シナヒ・靡の三種

るもので、幟（のぼり）とも呼び、横にも棹をつけ（横手）、旗の端に穴を空けて、それに布を差し入れて、棹と結び固定している。シナヒは指物の棹が真っ直ぐなもので、横手がついている。靡は棹がしなっているもので、横手は付いていない。三種いずれにせよ、竹の棹で作られている。

書立では指物を持っているのは計十一人、それに加えて大小旗が三人で、結局一四人が旗を持っていることになる。鑓持は指物を持たないのも特徴である。指物や旗は集団を敵から識別するためのものであり、鑓持の場合は鑓に紙を付けることで識別の印としていたことが知られている。結局、ほとんどの者が鑓または指物を持っていたことになり、鑓がすべて竹であったとすれば、ほぼ一人に竹一本が使用されていたのである。一万人が参加した合戦ならば、少なくとも一万本の竹が切られたのであり、その数は膨大である。鑓の柄もある程度使うと傷むため、常に新しい竹や木に替える必要があり、その度に竹や木が切られることになった。

鉄砲除けに竹は不可欠

次に鑓や指持以外の竹の用途を検討しよう。言うまでもなく、戦国合戦には鉄砲が使用され、それへの対応が勝敗を分けることが多かった。城攻めの際には城内から打ち込まれる鉄砲に対して、何らかの防御手段を取る必要があったが、それはどのようにして行われたのだろうか。

『信長公記』に城攻めの方法に関して、次のようなことが書かれている。雑賀（さいか）（和歌山市）の鈴木孫一の立て籠る城を攻めた際には、竹束を使って攻め寄せ、城楼（井楼）を作り、昼夜攻めたてている。また、播磨の神吉城攻めの際には、同じく竹束を寄せて本城の塀際まで詰め、「塡草（うめぐさ）」を寄せて、築山を作って攻めている。この竹束は城内から撃たれる鉄砲を除ける楯として使われたものである。ただし、近世の鉄砲を使った実験によれば、三〇センチほどの厚さに束ねた竹束では玉が貫通してしまうという（『歴史のなかの鉄砲伝来』）。とは言え、天正（てんしょう）十年（一五八二）に徳川家康が武田方の駿河国持舟（用宗）城を攻めた際にも竹束が使用されており、竹束が一般的に使われていたことは確かである。

現実に効果をもたせるためには、実際には竹束がもっと厚かったたか、さらに板も併用していたことが考えられる。北条氏は長さ二尺五寸、横七寸、厚さ五分の楯板を戦場に持ってくるように命じている。これは矢の防御用の楯と思われるが、鉄砲用の楯にも使用されていたと考えられる。実験では十匁玉では厚さ三センチの板三枚でやっと止められたという。だが、当時の鉄砲が必ずしも鉛玉を使っていたわけではなく、土製の玉も使われており、また戦国時代の鉄砲は近世のものに比べれば、性能が悪かったと思われ、厚い竹束に板を併用すれば、それなりに効果があったのだろう。

さて、鉄砲を撃つには火薬に点火する必要があり、火をつけるには火縄が使われた。火縄の材料は木綿または竹である。戦国時代の火縄における両者の比率は不明だが、天正八年閏三月に武田信君は「竹火縄」を棟別帳(むなべつ)に基づき、一人あたり三十尋(ひろ)(四〜五メートルくらい)ずつ納入するように武田氏家臣佐野氏に命じている。棟別帳は家一軒ごとに銭を賦課するための台帳として、村内にある家の戸数を記したものであり、この場合は家ごとに火縄用の竹が賦課されたのである。火縄は竹を細かく切ってよりあわせたものだが、三十尋はかなりの長さであり、村内全部の家に課されたとすれば、それを製作するためにはかなりの竹が切られたことになる。また、それを作る手間もかなりのものであったろう。

この命令から見て、武田氏においては火縄は主に竹であったことがわかる。戦国時代には木綿は普及していたが、栽培が行われていたのは一部の地域であり、それ以外の村落では簡単に木綿を得ることは不可能であった。それに比べて、竹はどこの村でも入手できるので、他の戦国大名でも火縄は竹製であったことが多かったと考えられる。このように鉄砲の使用は竹束や竹の火縄という形で、竹の伐採を促進したのである。

大坂冬の陣に見る城攻め

家康が慶長(けいちょう)十九年(一六一四)冬に大坂城を攻撃したのは有名だが、その城攻めの様子を描いた『大坂冬の陣図屛風』があり、城攻めのやり方がよくわかるので、これに基づいて城攻めの実態に検討を加えよう。この図は東京国立博物館所蔵のもので、明治十九年(一八八六)に狩野家の当主から寄贈されたものである(図4)。

堀を隔てて、豊臣方と徳川方が対陣している。大坂城の外周には塀が築かれ、要所に二階建ての櫓がある。塀には四角と丸の穴が開けられており、ここから鉄砲で撃つのであろう。また、堀には各所に橋が懸けられ、橋への出口には門があり、門の両側にも二階建ての櫓がある。塀の前面の堀際には木の柵が張りめぐらされており、これが先に述べた尺木にあたる。

一方、城を包囲する徳川方は堀際に多くの竹束を立て、その後ろに人が隠れ、竹束の間から鉄砲の筒先を出して、攻撃を加えている。竹束は人の身長より高いので、二メートル程度はある。竹束は一束が数十本で、円形をなしていて、ほとんどが五カ所で結ってある。そして、竹束の後ろには横に木を差し渡した上で、斜めに木を置いて支えている。このような竹束を多数用意して、徐々に城に接近していくのである。また、所々には築山があり、その上には俵が置かれ、やはりその後ろに人が隠れている。勿論、この築山は元からあったものではなく、土を盛ったものであり、少し高い所から相手

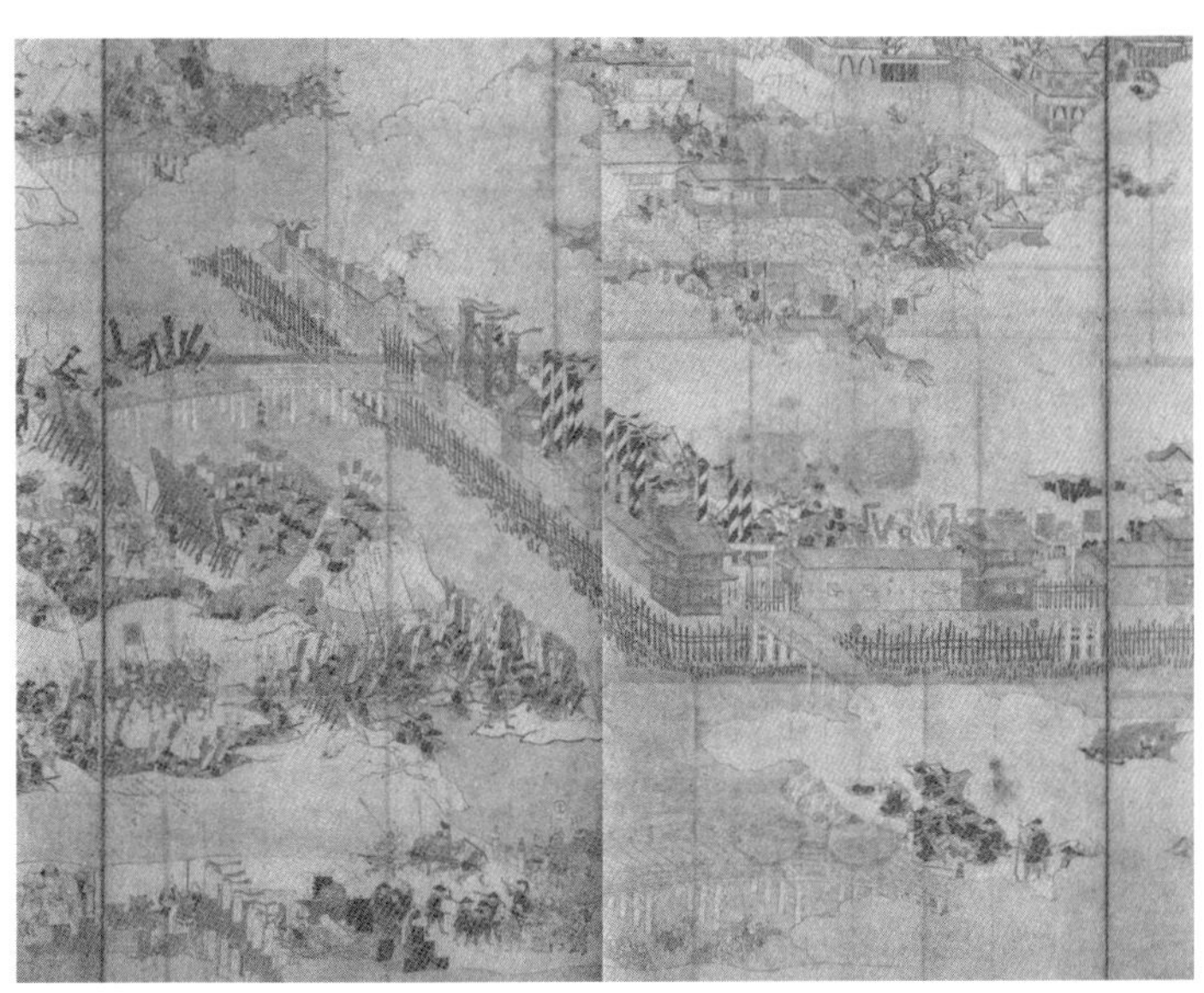

図4　『大坂冬の陣図屏風』(東京国立博物館蔵)

を攻撃する目的で作られた。俵の中には土が入っていて、竹束より相手の鉄砲を防ぐ上では効果的であろう。他に木の楯も少し描かれているが、やはり竹束が多数を占めていた。

このように大坂城冬の陣でも竹束が使用されたのだが、広い大坂城を包囲するためには、たいへんな量の竹が必要であったろう。竹束は高さや結び方などがだいたいそろっているので、作り方に一定の規格があったと思われる。この規格は度重なる城攻めの経験を通じて、作り上げられたのだろう。大坂城攻撃のために軍勢が来た時には、まず大坂や畿内周辺で竹が伐採され、その竹が大坂城近くに運ばれて、竹束作りが行われた。竹束作りに従事したのは人夫として動員された百姓や足軽などの下級兵士であろう。

図には築山や竹束の後ろで俵を編み、できあがった俵を築山に運ぶ足軽の姿も描かれている。また、鍬を持っている足軽も見え、彼らは俵に土を入れているのだろう。さらに、甲冑を着て、足軽たちを指さして、俵作りを指示している武士や藁を運んでいる足軽も描かれている。竹束作りのシーン自体は図にはないが、俵作り同様に一定の地位にある武士が陣頭指揮して、足軽や百姓に竹束を作らせたのだろう。こうした絵からも鉄砲普及後には竹の必要性がより増したことがわかる。そして、城郭が広大になるにつれて、必然的に竹の必要量が増していき、竹が多く伐採されるようになったのである。

城の堀を埋める塡草

先に触れた『信長公記』には城攻めに際して、「塡草」を寄せたとあるが、これはどのような戦術なのだろうか。「塡草」とは埋め草のことで、城の堀を埋めるための草である。この戦術は戦国時代に始まるのではなく、少なくとも南北朝時代から行われていた。『太平記』（巻二十）には新田義貞が越前国黒丸城（福井市）に籠城している斯波高経を攻める際に、堀や溝を埋めるために、「ウメ草」三万余荷を国中の人夫に持って来させ、楯三千余を作ったとある。この数字には『太平記』独特の誇張があると思われるが、かなりの量の埋め草が用意されたのは間違いない。また、矢除け用の楯も多く製作された点も注目される。

信長も堀を埋めるために、大量の草を刈らせたのであり、これは草原の環境にかなりの影響を与えただろう。当時、草は農業用の肥料や牛馬の飼料としても使われており、軍事用の草の採取との間で競合が発生したと思われ、草資源の争奪も激烈であった。堀を埋めるには土砂の方が良いように思えるが、土砂は重量があり、運搬に手間がかかるので、重量の軽い草が使用されたのだろう。

『信長公記』には元亀元年（一五七〇）に信長に反逆した三好三人衆が立て籠った野田・福島城（大阪市）攻めの記述もある。この時にも信長は埋め草を寄せて、「江堀」を埋めさせている。当時、この付近は海や川の中に島や洲が散在しているという景観であり、両城はこうした水に囲まれた環境を利用して、信長の攻撃を防ごうとしていた。これに対して、信長は埋め草で水路や堀を埋めていったのである。島や洲には葦や真菰などの水生植物が生えており、この場合はこうした植物を刈って、埋め草として利用したのだろう。刈った草はかなりの量に上り、両城の周辺の葦などはほとんどがなくなり、景観が一変したと考えられる。勿論、こうした植物はある程度の時間が経てば、再び生えてくるが、城攻めは山林や竹林のみでなく、草原や低湿地の環境も変えたのである。

戦場での夜の明かり

先の『信長公記』には、雑賀を昼夜攻めたてたと記されていたが、同様に夜も城攻めやその準備を行ったという記述が多い。この際に真っ暗では行動がしにくいので、明かりが必要となる。戦場での夜の明かりと言えば、テレビドラマや映画でもおなじみの篝火が思い浮かぶ。篝火に関しては、次のような規定がある。天正五年（一五七七）、北条氏は岩付城主（さいたま市）に属す武士に対して、陣において果たすべき役割を定めた。この規定により、岩付城主の軍団編成や人数、奉行の内容が判明する。

奉行の種類は小旗・鑓・鉄砲・弓・歩者・馬上・歩走・陣庭・篝・小荷駄である。各奉行が扱う数は小旗が百二十余本、鑓が六百余本、鉄砲が五十余挺、弓が四十余張、歩者が二百五十余人、馬上が五百余騎、歩走が二十人である。先に述べたように、鑓がやはり最多の人数を占め、馬上がそれに次いでいる。

篝奉行は三人の武士が一夜交代で務めることになっている。篝は陣の前と後ろの二カ所で、旗本で焚くように、一晩中消えないように焚き、当番の侍を三人ずつ二カ所に付けるように命じている。旗本とは具体的には岩付城主の旗が立ててあるところを指すと思われ、そこにも篝が焚かれていた。また、篝木は三千貫の役を務めている衆が二カ所を半分ずつ担当することも命じられている。三千貫とあるが、一人の武士が三千貫の知行地を持っていることはありえないので、これは岩付城主に属す武士たちの貫高を合計したもので、計三千貫の武士たちが共同で篝に使う木を用意することになっていたのだろう。

では、篝は何の木を焚いたのだろうか。残念ながら北条氏関係の史料では、篝の木の種類を具体的に定めたものはない。だが、鎌倉時代に京で行われていた篝屋(かがりや)の制度では松が使用されていたことがわかっている。京の篝屋は京の治安維持のために、鎌倉幕府の御家人が京に詰めて、警固を行う制度である。松は油脂を含み、火力が強いため、篝火には最適であり、戦国時代の篝火でも松が使用されることが多かったと推測される。篝用の木の確保方法は各武士が自領であらかじめ伐採し、陣に持ってきた場合と陣の周辺で伐採した場合の両方が考えられる。

松は松明（たいまつ）としても古くから利用されてきた。篝火が陣のような固定的な場で焚かれるのに対して、松明は主に移動中に使用するという違いがある。夜間の軍勢の移動の際には大量の松明が必要であったろう。絵巻物には松明がしばしば描かれ、夜間の行列の先導を行っている者が持っていることが多い。

松明は一般に竹を芯にして、松脂（まつやに）の多い部分の木を細く割って束ね、先端に火をつけるものである。また、松の根は松脂が多く、それを掘ったものは「ひで」と呼ばれ、燃料として使用される。さらには松脂自体を集めて、蠟燭（ろうそく）とする場合もある。このように、松や照明や燃料用に使われたが、そのために乱伐が行われた。特に「ひで」は松の根を採取するので、根の付きが悪くなり、その結果保水力が低下し、洪水や土砂の流出を招くことにもつながった。

こうした松明や松脂の確保に関しては、先に鉄砲と竹の項で触れた武田信君（穴山梅雪）の命令書に記述がある。これには松明は去年のように寺社衆を頼み、松脂は帯金・浅原氏に頼むように、佐野氏に命じている。松明の確保を寺社衆に頼んだのは、寺社の境内地に松が多く、行事などで使用するため、作るのに慣れていたからであろうか。

陣場では夜襲や暗闇に乗じて忍びが入り攪乱行為をすることを警戒して、篝火を焚くことが一般的であった。武田勝頼も「夜番篝火」を厳重に行うように命じている。また、城郭においては、夜間になると門を閉め、出入りを禁じ、外出の際には照明具を持つことが義務づけられていた。白井（しろい）城主（群馬県渋川市）長尾輝景は伊香保（群馬県渋川市）の木暮（こぐれ）氏に、五ツ時（二十時）以後の外出を禁止し、もし用がある場合は提燈または松明を持つように命じている。これは提燈や松明を持たせることで、人の動きをつかみ、すぐに誰が何のために外出しているかを確認する目的があったのだろう。

夜の戦いと照明

『太閤記』には夜の城攻めに関する記述がある。秀吉は小田原城を包囲した時に、まず自陣に大篝を焚かせ厳しく用心したという。大篝というからには通常より大きな篝で、これを見れば秀吉の本陣であることがわかり、敵味方関係なく、人々は火の大きさから秀吉の権勢を感じたことだろう。

そして、小田原を完全に包囲した後には、昼夜絶え間なく弓や鉄砲を打ち掛け、鬨（とき）の声を揚げ、夜は火矢を射た。また、夜は提燈の光と鉄砲の火で、昼間のようになり、城内の人々は空蟬（うつせみ）のようになった。この状況は北条側の記録である『北条五代記』には「夜は辻々に篝を焚き、白日のようである」と書かれており、明るかったのは確かであろう。これは勿論、夜も明るくし、大きな音を立てて、人々に心理的圧迫を加えて、抵抗心を奪う目的があった。広い小田原城を明るくするための篝火を焚くには大量の薪が必要であり、小田原城周辺では多くの木が伐採されたことだろう。

『太閤記』には提燈の光とあり、夜の照明に提燈もあったことがわかる。先に夜間の外出の際に提燈を持つように命じていることからもわかるように、戦国時代に提燈が普及していたことは事実である。

『信長公記』には天正九年（一五八一）七月十五日に安土城や惣見寺に提燈を釣り、さらに馬廻（うままわり）の人々は安土城の周囲の湖に船を浮かべて松明を灯し、あたりは輝きに満ち、多くの見物する人が集まったとある。この日は盆（盂蘭盆会（うらぼんえ））にあたり、死者のために灯火を灯す習慣があるが、信長が命じた提燈と松明による照明は前代未聞の明るさで、信長の権勢を示すものであった。ここでも提燈が照明の中心の一つとなっている点が注目されよう。

先に触れた『大坂冬の陣図屛風』には、豊臣方の塙団右衛門らによる夜討ちのシーンが描かれているが、それには城内の塀と堀際の尺木との間に縄が張られ、それぞれには二つ提燈が吊るされている（図5）。

この提燈は徳川方による夜討ちを警戒して、普段から吊るされたものであろうが、夜の照明として提燈が普及していたことを示している。言うまでもなく、提燈は中に置かれた蠟燭に火をつけて、明かりを灯すもので、近世にはより一般的になった。蠟燭自体は室町時代に使用が一般化したが、当時は貴重品であった。そして、戦国時代にはより普及し、それにともない提燈の使用が進んだと思われる。中世の蠟燭は漆の実から作る蠟でできており、戦国時代には会津地方の特産品で、関東では商人

図5　『大坂冬の陣図屛風』夜討ちのシーン（東京国立博物館蔵）

により会津の蠟が売られていたことが知られている。

城番と薪の確保

このように、夜間の戦陣や戦場への移動に際して、照明が必要であり、その原料となる木、特に松が多く伐採されたと考えられる。さらに、当然ながら戦場では毎日食事をするわけであり、煮炊きに使う燃料が必要であった。また、冬には防寒用の燃料も必要とされたであろう。「腹が減っては戦ができぬ」という格言があるが、戦に勝つには食事をすることも大切であった。では、戦場では煮炊き用の燃料はどのようにして、確保されたのだろうか。

この点を知る上で参考になるのが城の番をしている武士に出された掟である。戦国時代の城郭には原則として常に番をしている武士と交代で詰める武士がいて、両者で協力し合って防衛がなされていた。特に戦国大名同士の境界地点に位置する城郭の場合は厳密な警備がなされていた。その一例として、相模と駿河の国境に設けられた足柄城がある。

相模は北条、駿河は今川、武田、徳川と変遷し、互いに同盟と対立を繰り返した。たとえ、同盟関係が保たれていても、いつ情勢が一変するかもわからず、境界にある城は常に緊張状態にあった。何かの拍子で、相手と諍いを起こしたら、大名間の戦争に発展する危険性があり、そうした事態を未然に防止する必要もあり、こうした城では厳重な掟が定められていた。

足柄城の城掟と薪の確保

そこで、天正十年（一五八二）五月に定められた足柄城の城掟の内容を検討しよう。この城掟は新たに足柄城に入った北条氏光に対して出されたものである。この年の三月に武田氏は滅亡し、北条氏は信長の攻撃に便乗して、甲斐に攻め入った。だが、北条氏は旧武田氏の所領を獲得できず、上野国（こうずけ）には滝川一益が入り、駿河や甲斐は徳川家康の領国となった。この段階では北条氏と徳川氏は対立関係にはないが、かといって同盟関係にもなく、今後どうなるかもわからず、相模・駿河国境は緊張状態に包まれていた。足柄城は両国境の足柄峠にあり、駿河から相模に向かう東海道が脇を通る要衝の地に位置し、五つの主要な曲輪（くるわ）で構成された堅固な城であった。

この城掟は様々なことが定められているが、薪の採取に関する記述がある。この城には足柄城の支城ともいうべき砦に続く小足柄口と猪鼻口という出入り口もあったが、メインは大手と法経寺口で、大手は小田原に、法経寺口は駿河に向かう出入り口である。駿河へ道を下るとそこは竹之下の宿で、南北朝期には足利尊氏と新田義貞の戦いが行われた場所としても知られている。

城兵は大手と法経寺口の二カ所から草木を取りにいくことを許されていた。これは炊事用の燃料を獲得するためと思われるが、毎朝「手判」により城外に出て、帰る時にも「手判」を改めることになっていた。この「手判」とは何のことだろうか。これは出入りを改めるものなので、要するに出入りを認める許可状のようなものであろう。許可状は普通は紙だが、多数いる城兵に紙を渡すわけにもいかず、毎日使っているうちにすぐ傷んでしまう。よって、これは木の札と思われ、許可を示す文言またはは足柄城の城兵であることを示す簡単な文言が記されていたのだろう。また、一般に判とは花押や印鑑を指すので、木の札に出入りを改める奉行人の花押が書かれていたと考えられる。

近世には鑑札と呼ばれ、漁業などを特定の場所で行ったり、商売を行うことを許可された証拠として、権利者に交付される木の札があるが、この「手判」も同様のものであろう。戦国時代の史料には「山札銭」という言葉も見え、これは銭を払って、山に入ることを許可された印として札をもらうことを意味すると思われ、山の出入りに札を交付することはしばしば行われていたようである。

足柄城の場合は駿河側が徳川氏の領国であるため、特に厳重を極めたのである。そして、北条氏と徳川氏の支配領域の境界は掟書によれば、北条氏は山であり、山を下ったところにある田畠は徳川氏の領域とされていた。山は北条氏の領域なので、足柄城の城兵が草木を取ることが許されていたのである。だが、草木を取る時に御厨（みくりや）（鮎沢御厨）の者つまり徳川方の者と出合わないように注意を受けていた。これは不測の事態を招くことを恐れてのことであろう。

これは戦陣でも同様で、陣を構えると周辺で薪や草木を採取して、持ち帰ったと思われる。『家忠日記』によれば、天正十八年（一五九〇）に徳川軍が小田原城を包囲した際に、松平家忠に薪百駄の納入が命じられている。勿論、薪を自領から持って来ることはできないので、陣を敷いた所の周辺の山林を伐採したのだろう。これは自発的に行ったのではなく、命令によるものなので、徳川軍では順番に部隊ごとに薪を取らせ、それを全軍に配分するシステムを取っていたことになる。こうしたシステムを採用したのは勝手に薪を取らせると、同じ徳川軍の部隊同士で争いが起きる可能性があり、それを防止するためと考えられる。この点はともあれ、小田原城を包囲した豊臣方の軍勢は数万にも及び、滞在は数カ月にも及んだので、薪用だけでも多くの木が伐採されたはずである。

『家忠日記』に見る小田原攻め

この小田原城包囲にあたって、いったい何が用意されたのだろうか。『家忠日記』では四月四日に小田原城近くに陣を敷き、まず堀の普請を行っている。これは十日以上にわたって続けられており、堀を整備するにはかなり時間がかかったことがわかる。また、鉄砲用の竹束も取り寄せ、他に矢来木や材木も取っている。矢来木は塀用、材木は陣屋の建設に使用されるものである。これらの竹や木は陣の周囲で伐採されたと考えられる。

豊臣秀吉は各地の大名や寺社に小田原城包囲の様子を記した書状を多数送っているが、それには城の周囲に堀を掘り、柵と塀を付けたとある。しかも堀と塀を二重に付けたと記した書状もあり、二重に堀と塀がめぐらされていたのである。また、土居も築いたともあり、これは先に述べた大坂城包囲の時に築かれていた築山を指すと思われる。書状には記されていないが、大坂城攻めの時と同様に小田原城全体を取り囲むだけの竹束が用意されたのだろう。

芝山宗勝という武士の書状には、堀を三重に掘り、石で組んだ御座所や御殿も作られたとあり、秀吉の住む豪華な御殿も急いで作られていた。勿論、諸大名や配下の武士が住む陣屋も多数作られたのであり、それに必要な材木も大量に及んでいた。こうした材木は小田原周辺で伐採するだけでは確保できなかったと思われ、他の地域から運ばせたものや商人が持ち込んだものもあったろう。戦場には多くの商人が入り込み、食料や酒などを売って儲けていたが、材木や薪といった軍事用資材も商品化していたと考えられる。このように小田原城攻めのような大がかりな合戦では、消費される木材資源も膨大であり、ようやく北条氏が降伏した頃には近隣の山林は見る影もなくなっていただろう。

小田原攻めと三島神社の神木伐採

実はこの秀吉による小田原攻めの際に山林がどうなったかを暗示する史料がある。それは北条氏家臣松田康長が箱根神社の神主に送った三月十八日付の書状である。康長は駿河国山中城主（静岡県三島市）で、この城は豊臣方の攻撃から小田原を守る最前線として、重要視されていた城であり、豊臣方の来襲を待ち受けていた。その中で、三島神社の境内は大木までも根こそぎ伐採され、何も生えていない状態であることを伝えている。

この伐採は誰によって行われたのだろうか。豊臣秀吉は京を三月一日に出発したが、先発隊はこれ以前に駿河に入っていた。『家忠日記』によれば、二月二十五日に織田信雄の軍が沼津に入っている。また、三月三日には豊臣秀次が同じく沼津に入っている。同じ日に豊臣軍と北条氏の間で戦いがあり、既に三島は戦場と化していた。そして、この直後には豊臣軍は黄瀬川を越えて陣を敷いていた。毛利家文庫に残る三月十日付の陣取図によれば、黄瀬川を越えて、徳川家康・織田信雄・蒲生氏郷らが陣を敷いており、北条領国に侵入していた。特に織田信雄は韮山城（静岡県伊豆の国市）まで、わずか三十丁（約三キロ）の所に陣を敷いている。また、『家忠日記』によれば、同じ三月十日から韮山城攻めのための砦を作るという触れが廻り、既に韮山城は包囲されつつあったのである。この砦とは城攻めの際に向かい合わせの場所に臨時に作る城で、一般に付城（つけじろ）と呼ばれている。

韮山には三島を通って行くので、既に三島も三日の直後には豊臣軍の手に落ちていたと見られる。北条氏政は三月九日付書状で、豊臣軍が三島付近で芋を掘っていると述べている。この豊臣軍による芋掘り情報は三月二十一日付の松田康長書状にも見え、豊臣軍が兵糧に困り、野老（ところ）（山芋）を掘って食べていると記されている。勿論、これはニセ情報であるが、北条氏はこの情報を信じて、豊臣軍が兵糧不足で困り、今に撤退すると認識している。

こうした点から見て、三島神社境内の木の伐採は豊臣方によって行われたと見られる。三島から韮山までは近いので、韮山城の包囲に使う材木を伐採した可能性がある。韮山城包囲の中心となったのは織田信雄軍なので、伐採の主体は信雄など韮山包囲軍であろう。また、先に述べたように、黄瀬川付近などに豊臣軍が陣を敷いたので、陣を作るために伐採したのかもしれない。兵糧はともかくとして、城攻めや陣の建築用資材までを豊臣軍が持ってくるのは困難であり、現地調達するしかなく、三島神社の神木として守られてきた大木も豊臣軍の手で伐採されてしまったのである。必要とあらば、神の権威も何ら役に立たなかった。

小牧・長久手の戦いではどのように竹木を確保したのか

小田原合戦をはじめとして、秀吉による合戦は大軍と大量の物資を投入する作戦が取られていた。こうした形態で最初に行われた大規模な戦いは秀吉が徳川家康・織田信雄と対決した小牧・長久手の戦いで、戦国合戦の総決算であると同時に、以後の小田原合戦、朝鮮侵略、関が原合戦、大坂の陣と続く戦いの先駆けとも言うべきものであった。そこで、この戦いを竹木などの資材確保や戦術面の見地から検討しよう。

小牧・長久手の戦いは天正十二年（一五八四）三月六日に、織田信雄が家老岡田、津川、浅井の三人を殺害したことを契機に始まり、信雄に家康が味方し、秀吉が大軍を率いて、尾張・伊勢を攻撃した合戦である。この戦いでは城郭建築や尺木（しゃくぎ）などの資材となる竹木はどのように確保されたのだろうか。

同年二月二日、筒井順慶から、奈良において伊賀国の竹木を買い取ることを禁止する命令が出された。これは秀吉が伊賀国の竹木を買い取ったことを受けてのことで、奈良で買い取りを行うことは秀吉による売買を妨害するので、こうした命令が出されたのであろう。これは信雄による家老殺害の一カ月前だが、この竹木売買は既に秀吉が信雄との対決を予想して、あらかじめ軍需物資たる竹木の確保を図っていたことを意味する。秀吉はしっかりと準備を調えた上で、小牧・長久手の戦いに臨んでいたのである。命令による竹木の徴発ではなく、売買という手段を取ったのは、まだ戦いが始まっているわけではなく、強制的な徴発が不可能であったためであろう。また、既に竹木が商品としても広く流通していたことを示している。

もう一つの事例を見よう。同年十月二十七日、秀吉は伊勢山田（三重県伊勢市）の上部貞永（うわべ）に、「もかり（虎落）」用の竹二千束を山田で竹が生えている所に割り当て、伊勢の楠（くす）（三重県四日市市）まで運ぶように命じ、竹一束は二十または三十本と指定している。虎落（もがり）とは竹を筋違いに組み合わせ、縄で結んだ柵のことで、竹と縄があれば作れる最も簡易なものである。伊勢山田は伊勢神宮の外宮がある所で、伊勢御師（おし）が集住していた所だが、伊勢御師の屋敷内や周辺に竹林が存在していたのだろう。この頃には秀吉は信雄方の伊勢の長島・桑名などの城を攻撃しており、伊勢の楠に送らせているのは、これらの城の周囲に設ける柵を構築する目的であったと思われる。

さらに、秀吉は塀柱・柵柱になる木二千本を購入して寄越すように命じ、入手できない場合は山田にある家一軒ごとに一本か二本を割り当て、納入するようにも命じている。山田は伊勢参詣で繁栄した都市であり、商業も盛んなので、そこに集まる木材を買い取ることができると秀吉は考えたのだろう。先に述べたように、伊勢には熊野産の材木が流通していたと思われ、そうした流通網を秀吉も当然承知していたはずである。このように秀吉は購入と徴発の両方の手段を取って、竹や材木の確保にあたっていた。

寺社の破壊と禁制

だが、竹木は購入や徴発という合法的な手段のみによって、確保されたわけではない。小牧・長久手の戦いでは、非合法的な手段が行われたことを暗示する条項が含まれている禁制が寺社宛に出されている。禁制は特定の行為を禁止する条項を記した文書または御札のことで、寺社や村がその土地の支配者に申請してもらうのが普通である。これは平常時の場合で、戦争中は軍勢を率いる大将に申請して、軍勢の乱暴や竹木伐採などを禁じる禁制を出してもらう。竹木伐採の禁止は軍勢が竹木を現地調達する行為を阻止するためであり、逆に言えばこうした行為が頻発していたことを示している。

小牧・長久手の戦いが始まった直後の三月十八日に、家康は尾張の山王社（愛知県清洲市）に三カ条の禁制を出した。放火・竹木の伐採の禁止は戦時の禁制として一般的に見られるものだが、もう一条は軍勢による社塔の破り取りを禁止したものである。これは寺社の建物を破壊して、軍事用の材木に転用する行為が行われていて、それを防止するためのものである。

同内容の禁制は秀吉も出している。やはり、戦いが始まった直後の三月二十九日に大懸(おおあがた)神社（尾張国二宮、愛知県犬山市）に対して、「甲乙人当社壊取」を禁止する禁制が出されている。甲乙人(こうおつにん)とは特定の人ではなく、あらゆる人を指すが、この場合は主に軍勢を指す。「壊取」は「こぼちとる」と読み、社殿を破壊して取る行為を指す。秀吉・家康という敵味方が同内容の禁制を出しているのは、こうした行為が行われるのが予想されるため、神社側がこの内容の禁制を申請したためであろう。両方とも尾張の神社であり、両者の間で禁制の内容に関するやりとりがあったのかもしれない。

この点はともあれ、寺社や民家の建物を破壊する行為自体は一般的に行われたことで、なにも小牧・長久手の戦いに限ったものではない。既に建武元年（一三三四）に若狭国太良庄(たらのしょう)では、城郭を作るために百姓の家を破壊したり、百姓の家の片庇を破壊してよいという命令を受けたとして、破壊が行われている。南北朝期の粗末な城の場合は百姓の家でも間に合ったが、戦国時代の拠点的な城の場合は二階建てなど整った建物や防衛設備があり、良質な材木が必要とされた。寺社の建物は良い材木を使用しているので、その柱や木を利用して、城郭や陣屋さらには塀などを作るのに最適であり、軍勢によって最も狙われやすかった。それゆえ、そうした行為を防ぐために、寺社は軍勢の大将に禁制を申請して、破壊から寺社を守ったのである。

鍛冶に鍬を大量生産させた秀吉

城郭は山を削って、木を伐採して平らな場を作り、堀を掘り、掘った土を土塁とするなど、大規模な環境の改変を行うものである。また、城攻めに際しても、付城と呼ばれる包囲用の城を作ったり、周囲に土塁や塀を作るなどの改変が行われた。秀吉による備中高松城の水攻めは有名だが、これも周囲に堤を築き、水を引き入れて内部を水没させる点で同様である。これらは今で言えば、まさに環境破壊と言えるが、戦争中においては、当然取るべき手段ではあった。

小牧・長久手の戦いは木曾川水系流域が主戦場となったため、水への対応が重要となった。その典型的な例の一つに、天正十二年（一五八四）五月から行われた秀吉による尾張竹鼻城（岐阜県羽島市）包囲がある。この包囲に関して、秀吉は佐竹義重への書状の中で、同城は堀が深く、すぐに攻めることが困難なので、水攻めを行うことにし、四方に高さ六間・広さ二十間の堤を三里の長さにわたって築き、木曾川の水を引き入れたところ、城主不破広綱は困り果て、結局開城したと得意気に述べている。

これはまさに高松城水攻めの再現であり、長大な堤修築という大規模な土木工事が行われたことを示し、その作業量はたいへんなものであった。堤修築には土を掘って運び、それを盛り上げて、突き固める作業が必要であった。土の掘削や突き固めは鍬や鋤により、運搬は畚が使用された。城郭でも堀と土塁修築のために、同じ作業が行われ、やはり同様の道具が必要であった。では、これらの道具はいかなる手段で用意されたのだろうか。

北条氏は城普請のために、百姓をしばしば徴発したが、その際に鍬と簣を持ってくるように命じている。簣は藁を編んだもので、名称は異なるが、畚と同じものである。これに対して、秀吉は小牧・長久手の戦いの最中の四月二日、長浜（滋賀県長浜市）の町人に対して、近江坂本（滋賀県大津市）から鍬二百挺が来るので、尾張の陣まで届けるように命じている。

坂本は比叡山の膝下にあり、琵琶湖に面していて、町場や港として繁栄した場所である。中世には比叡山の僧侶は刀などの武器を持ち、信長や対立する宗派をはじめとして、様々な相手と戦ったことが知られている。彼らの持つ武器の多くは膝下の坂本の鍛冶によって作られたのではないだろうか。また、武器以外にも鍬や鋤などの農具を周辺の村落に供給する役割を坂本は以前から果たしていたと思われる。こうした点から坂本は鍛冶の集住地で、それを知っていた秀吉は鍛冶に製作を発注し、長浜へ運ばせたのであろう。そして、この鍬はこの時期に攻めていた蟹江城を囲む堤の修築といった土木工事に使用されたはずである。

さらに、秀吉は八月に長浜の町人に、鍬と鋤を犬山（岐阜県犬山市）まで届けるように命じている。これらの鍬は秀吉から長浜や周辺の鍛冶に原料となる鉄が与えられ、新たに製作させることになっていた。北条氏が鍬を百姓に持って来させたのに比べて、秀吉は鍛冶に命じて大量生産させている点に違いがある。秀吉の物量作戦は土木工事用の道具の確保までに及び、これらの道具を百姓や下級武士に支給し、堤や土塁などを築かせたのである。木曾川流域のような低湿地においては、出水への対応も重要であり、他の地域にも増して、鍬の必要性は高かった。

第四章　武器・武具の調達方法を検証する

1　竹木徴発システム

朱印状発給による徴発

竹や木は合戦を行う上で、必要不可欠なものであり、前章で見てきたように、様々な用途に使用された。その確保方法は主として徴発だが、購入することもあった。しかし、無制限な徴発や有無を言わさぬ略奪で竹木を伐採すると、山林資源の枯渇を招くのは明らかである。勿論、戦時においては、資源の枯渇など考えている余裕もなく、手当たり次第に伐採を行うのが実情であったろう。とは言え、戦国大名側でも過度な伐採は資源の枯渇を招くという認識をそれなりに持っており、枯渇を未然に防止する政策を行っていた。そこで、本章では戦国大名による山林資源の枯渇を防止する政策の内容を見ていこう。

北条氏が虎を彫った朱印を使っていたことは知られているが、それが捺されている最古の史料がある。これは永正十五年（一五一八）に伊豆国木負村（静岡県沼津市）の百姓と代官の伊東・山角氏に出されたものである。その内容は四カ条あり、第一条は竹木の御用がある時は、数量を定めた上で「御印判」によって郡代に命じ、それを踏まえて、郡代から村に上納を命じるというものである。「御印判」とは虎の朱印が捺されている文書（一般に朱印状と呼ぶ）を意味し、村落から徴発を行う場合は必ず朱印状により命じることを通知している。

他の条項も臨時的な徴発の時には朱印状で命じることを述べたものである。二条目は「りうし御用」の際には代官から朱印状により命じると述べている。「りうし」とは漁師と考えられており、漁を行わせるために、漁師を徴発したものである。実際に北条氏が接待や自分の楽しみのために、眼前で漁を行わせた事例があり、こうした際に漁師を徴発したのだろう。三条目は毎日納めることが定められている魚（原文は「毎日御菜御年貢」）以外に徴発を行う時には、魚の数を記した朱印状を出し、代金を支払うとしたものである。

さらに四条目では大普請以外に人足を徴発する際は朱印状で命じるとしている。北条氏は大普請の名目で一年間に百姓を三十日徴発して、城郭などの普請に従事させることを定めており、規定の日数を超過して、臨時に徴発を行う場合は朱印状で命じると規定したのである。

こうした規定がなされたのは、無制限な徴発や郡代・代官による恣意的な徴発を防止するためである。「竹木等之御用」「りうし御用」のように、この朱印状には御用の文字が何度も記されている。

「御用」とは御という尊敬語が付いていることからわかるように、北条氏の御用であり、物資や人足を徴発できるのは北条氏当主に限られる。口頭の徴発では誰の命令による徴発なのかは村落の百姓にはわからないため、北条氏当主による徴発であることを示す虎の朱印を捺した文書が出されたのである。

竹木徴発の朱印状の実例

次に竹木を徴発する朱印状の実例を検討しよう。

箱根竹百束、三日の内に切り調え、大屋に渡し申すべし。一束三銭ずつ、この代物三百文を永楽銭で遣さるる者なり。よってくだんの如し。

巳
七月二日（「武栄」朱印）　幸田与三奉

桑原郷
小代官
百姓中

この朱印状は永禄十二年（一五六九）伊豆国桑原郷（静岡県函南町）に対して、箱根竹百束を三日以内に大屋氏に渡すように命じたものだが、無償の徴発ではなく、竹一束あたり三文として、計三百文の代価が支払われている。「武栄」の朱印は北条氏康が使っていたものであり、氏康が直接命じたことがわかる。先の朱印状に規定されていた通りに竹の数が明記され、しかも代物が支払われている点が注目される。毎年納入が義務づけられている年貢以外に納入する場合は先の朱印状の三条目にも規定されているように、代価が支払われるのである。

この場合もそれにあたり、時期から見て、武田信玄の駿河侵入に対抗する戦いのため、臨時に徴発したものである。一方、村は領主に年貢あるいは公事として、毎年何本かの竹を納入することになっていたと考えられる。この点は北条氏の場合は明確ではないが、徳川氏が天正十七年（一五八九）に定めた規定では、村内に竹藪があれば、領主に毎年竹五〇本を納入することになっている。北条氏の領国でも本数は違うものの、似たような制度があったと思われる。

この朱印状が出された永禄十二年（一五六九）七月には北条氏は駿河に侵入した武田氏と薩埵山で対陣している最中であった。そのため、一章で触れた舟橋、さらには塀や城郭・陣屋の建設のため、大量の竹が必要であり、緊急を要していた。それゆえ、通常納入する竹を超えた本数が必要となり、その分は代価が支払われたのである。百束とはかなりの量であるが、郷内に竹が生えていなければ、上納を命じても無理である。竹は箱根竹と指定しているが、この竹はアズマネザサ（直径一〜二センチ）の変種で、高さは二〜三メートルに及び、箱根山一帯に見られるものである。桑原郷は箱根山の南に位置し、集落は山に囲まれているので、周辺には箱根竹が豊富に生えていたと思われる。このことを氏康は承知しており、その知識に基づいて、大量の竹の上納を命じたのであろう。

竹の所望と運送費の下付

桑原郷の場合は緊急時であり、大量であったこともあり、代価が支払われたが、代価が支払われない場合の方が多い。天正十五年（一五八七）に相模小曽根郷（神奈川県綾瀬市小園）に朱印状が下され、大和竹六束を人馬により、「津端」まで届けるように命じている。そして、運賃として二里一銭を支払うと述べている。この場合は代価が支払われず、朱印状には「竹所望」と記されている。所望とは親密な間柄である人に対して、無償で物を譲ってもらうように望むことを一般的には意味する。たとえば、戦国時代の武士の間では良い鷹を持っている者に所望して、鷹を譲ってもらうことがよく行われていた。

この場合は北条氏が小曽根郷の百姓に所望を行っているが、この所望はいかなる根拠で行われたのだろうか。当然ながら北条氏は百姓に対して上位にある。こうした上下関係がある場合の所望としては、将軍や大名が家臣の持っている物を所望する事例が典型である。将軍や大名による所望は上位者の希望なので一種の強制力があるが、本質的には無償の贈与と言えよう。

先にも述べたように、この頃には秀吉の来襲が伝えられており、それに北条氏は危機感を抱き、城郭普請など防衛に躍起になっていた。そして、この領国防衛のための物資供出に百姓も協力すべきという論理が所望の根拠となったと考えられる。よって、供出は無償であるが、「津端」までの運送費は北条氏が支払ったのである。北条氏の伝馬制度では一里あたり一銭が公定運賃なので、この場合は半額となっているが、一応は運送を行った労働に見合う対価には報いたと言える。ちなみに、「津端」とは相模川の河岸の港を意味し、ここから河口の須賀（神奈川県平塚市）まで船で運ぶことになっていた。

城ごとの徴発システム

北条氏の本城は小田原であるが、各地に支城を設置して、主に一族を城主として、その地域を支配させていた。主な支城としては、韮山・下田（以上伊豆）、玉縄・三崎（以上相模）、江戸・岩付・鉢形・滝山・八王子（以上武蔵）などがある。各支城で行われる普請や支城主が軍勢を率いて合戦に出向く際には、色々な資材が必要であった。こうした支城ごとに必要な資材はどのようにして徴発されたのだろうか。

永禄七年（一五六四）に北条氏は武蔵国上小田中郷（川崎市）に対して、制札を下した。その内容は蒔田領に江戸城の軍勢が「入籠」して、竹木を伐採するのを禁止し、もし江戸城からの御用がある時には朱印状で命じるとしたものである。蒔田領とは吉良氏の所領のことで、同氏が蒔田（横浜市南区）に本城を構えていたので、この名で呼ばれていた。この上小田中郷は吉良氏の所領であった。「入籠」は先に述べたように、異なる人々が入り交じることを意味する。つまり、吉良氏の所領である上小田中郷に江戸城の軍勢が入り込み、勝手に伐採を始めたので、上小田中郷の住人は吉良氏を通じて北条氏に苦情を訴え、その結果この制札が出されたのである。

吉良氏は足利氏の一族で、家格が高く、所領は北条領国内に存在するが、半ば独立的な地位にあり、蒔田領は吉良氏が独自に支配していた。そのため江戸城の軍勢による伐採行為は北条氏により禁止された。しかし、朱印状があれば、蒔田領で伐採はできるのであり、究極的な伐採権は北条氏に属していたことになる。永禄七年の前後には上杉謙信が毎年のように関東に侵入していたため、北条氏はそれへの対応に追われ、軍事用資材である材木はいくらあっても足りない状況であった。それゆえ、北条氏は江戸城やそれに属する軍隊が必要な竹木を朱印状を出して徴発していたのである。

よって、蒔田領における竹木徴発システムは次のようになる。まず、江戸城主（遠山氏）は小田原の北条氏に必要な竹木の本数を申請し、それを受けて朱印状が出される。そして蒔田領の住人に朱印状を示して、竹木を伐採する。こうした手続きが行われたのは、蒔田領の住人にとって、吉良氏が一種の大名的存在であり、北条氏による伐採への抵抗感が強かったからであろう。こうした住人の意識が上小田中における北条氏側の軍隊による伐採を一旦は阻止したのである。吉良氏のような一種独立的な地位にある領主を、近年は国衆（くにしゅう）（外様衆（とざま））と呼ぶが、こうした国衆の所領における竹木伐採システムをさらに見ていこう。

北条氏が国衆宛てに発した竹木伐採の朱印状

永禄三年（一五六〇）以降、毎年のように繰り返された上杉謙信の関東侵入は次第に行き詰まっていき、天正二年（一五七四）の秋には最後の侵入が行われた。この時の謙信の攻撃はすさまじく、北関東各地一帯を放火し、広大な土地が焦土と化した。だが、謙信の断末魔的攻撃も実を結ばず、上杉方の城は落城あるいは降伏し、ついに謙信は越後に帰り、以後天正五年五月を除いて関東に侵入することはなかった。関東における上杉方の中心であった簗田晴助が籠城する関宿城（千葉県野田市）も同年閏十一月についに開城することとなった。簗田氏は本来は古河公方足利氏の重臣で、この時期には古河公方から独立し、上杉方として活動していた。

簗田氏は関宿城を北条氏に明け渡した後、水海城（茨城県古河市）に移った。一方、関宿城には北条氏政の弟氏照が入り、新たな支配が開始され、関宿城明け渡しの翌月には北条氏の朱印状が関宿周辺に一斉に出されている。その内容はおおよそ同じだが、微妙な違いがあり、二種類に分類できる。一つは簗田殿宛、もう一つは宛名がないのが最大の相違である。

簗田殿宛のものは最初に村名が書かれ、その後にまず百姓への還住の命令と今後の百姓に対する乱暴行為の禁止が記されている。関宿城をめぐる攻防により、周辺の百姓は家を捨てて、逃亡していたため、北条氏は元通りに家に戻るように呼びかけたのである。その後では関宿城で「用所」がある場合は虎の印判状により、水海に所望するので、今後狼藉があった場合は北条氏に訴え出るように述べている。関宿城は北条氏の新たな支城として取り立てられ、同城が必要な竹木は朱印状を出して、徴発することになった。この方式は先の吉良氏の場合と同じである。

簗田殿宛の文書が出されたのは簗田氏の所領であり、その内部は北条氏ではなく、簗田氏が支配していた。簗田氏は北条氏に従属したとは言え、国衆として独立的な立場にあるため、北条氏が竹木を徴発する際も簗田氏に所望するという手続きを踏んだのである。

一方、宛名がない場合もほとんど簗田殿宛のものと同じだが、虎の印判状で領主に対して、所望するとある点だけが異なる。この場合は簗田氏の所領ではなく、一般的な北条氏家臣の所領であったため、単に領主と書かれたのだろう。いずれにせよ、新たに北条氏の支配地域になった所でも、徴発する竹木の本数を明記した印判状を領主や村に示して、竹木を納入させるシステムが取られていたのである。

治水工事にも使われた竹

北条氏の隣の戦国大名である今川や武田氏の場合はどのような徴発システムが採られていたのだろうか。永禄四年（一五六一）、今川氏真は駿河国滝沢（静岡県藤枝市）の岡村氏に屋敷の周囲や背後の山で木を切る時は、印判を示した上で伐採し、さらに河除（かわよけ）のため伐採すると言ってきても応じないようにとも述べている。これにより、今川氏も北条氏同様に竹木の伐採に際して印判状を示す方法を取っていたことがわかる。

河除とは洪水防止用の堤や施設を構築することを意味する。戦国大名は農業生産を安定させるために、治水工事を盛んに行っており、中でも武田信玄が釜無（かまなし）川の流れを制御するために構築したとされる信玄堤は有名である。信玄堤の構築は伝説に彩られている面もあり、堤の構造や着工・完成した年に関しては諸説あるが、信玄が永禄三年に信玄堤のすぐ近くの竜王(りゅうおう)河原宿（山梨県甲斐市）に住む人を募集したことから、この頃には完成していたと考えられている（『山梨県史　通史編2　中世』）。この竜王河原宿には次のような文書が残されている。

（獅子朱印）

川除の竹、そのくねの一番竹十五本、宿中の人足をもって、明日の御用、今日中に進上致すべきもの也、

丑
七月十二日　　小山田六左衛門尉（昌盛）奉之

長谷部
二郎左衛門尉

竜王河原宿の住人長谷部氏に対して、川除用の竹十五本を今日中に納入するように命じたものである。この文書は天正五年（一五七七）のもので、信玄は既に死去し、勝頼の時代になっていた。この竹の徴発は川除とあるので、やはり信玄堤の構築に使用されるものと考えられるが、一体何に使われたのだろうか。

近世の堤には川の流れを弱めたり、流れてくる土砂を留めるために、堤から川に向けて、石が中に入った竹籠を設置することがあった。こうした竹籠を蛇が伏している形から、一般には蛇籠（じゃかご）と呼ぶ。この言葉は豊臣期に作られた『日葡（にっぽ）辞書』にも見えるので、既に戦国時代には蛇籠が治水工事に使用されていたと考えられる。こうした点から、この竹は竹籠を編むために使用された可能性があり、その点が確実ならば、この段階の信玄堤において、石を入れた竹籠で川の流れを弱めることが行われていたと言えよう。

ところで、この文書の右上には獅子の朱印が捺されている点が注目される。これはまさに北条氏が虎の朱印を捺した印判状で物資を徴発したのと同じであり、武田氏も北条氏と同様のシステムを取っていたのである。では、武田氏の場合はいつ頃から、このシステムを始めたのだろうか。

竹木徴発のために発行された「獅子朱印」

天正三年（一五七五）十二月に武田勝頼は先の竜王河原宿に対して、次のような朱印状を出している。

定（獅子朱印）

自今已後、この印判をもって、竹木・藁縄などの御用、仰せ付けらるべきもの也、よって件の如し

跡部美作守(勝忠)
市川備後守(家光)奉之

乙亥
十二月廿三日

河原宿之郷

これまで述べてきたように、竹木や藁縄は軍需物資として必要不可欠なものであり、武田氏も信玄の時代から徴発を行っていたが、朱印状によらず、恣意的な徴発が行われていたと考えられる。だが、これ以後は獅子の朱印を捺した印判状を村に示して、徴発を行うことになったのである。では、なぜ徴発のやり方が変化したのだろうか。

この年の五月二十一日に長篠合戦で勝頼が大敗を喫したことは有名である。勝頼はこの大敗を受けて、支配体制の建て直しを図っていた。同年十月に勝頼は駿河蒲原宿に対し、以後は公用の伝馬は朱印を二つ捺し、私用で申請した伝馬は朱印を一つ捺すといったことを定めている。また、十二月には領国内の武士が戦場で身につける武具の内容を詳細に定めている。さらに翌年二月には各武士ごとに武具や武器、連れてくる人数などを定めた朱印状を出している。このように、同年後半には伝馬や軍備に関して、新たな規定が定められており、竹木徴発に関する規定もそうした改革の一環として捉えられる。

従来の手当たり次第という恣意的なやり方では無制限な伐採が行われ、山林資源が枯渇してしまうことになり、実際に枯渇が進んでいたと考えられる。こうした状況を見て、勝頼は獅子朱印を捺して竹木を徴発するシステムを始めたのだろう。これは北条氏や今川氏が行っていたことを模倣したと考えられる。実際、軍備内容を定めた改革も北条氏の模倣と推測されており、勝頼は北条・今川氏の政策の良いところを取り入れて、改革を推進したのである。

武田氏の朱印は信玄以来、龍が刻まれた「龍朱印」と一般に呼ばれる朱印が使用され、これ以降も使用されている。この獅子朱印は竹木徴発目的以外にも使用されているが、目的により朱印の使い分けが行われたことを示している。これは徴発する数量を明記した文書を発給することによって、竹木伐採に厳格な制限を設け、山林資源を計画的に伐採しようとする意図があったと考えられる。徴発に際して、獅子朱印が捺された文書の実例としては、次のものがある（彰考館所蔵、佐野家蔵文書）。

（獅子朱印影）

大竹百本、この一往、進上あるべきの旨、仰せ出ださるところ也、よって件の如し、

（天正七年）
卯
八月廿二日　今福市左衛門尉 奉之

佐野孫右兵衛尉

先の規定通りに獅子朱印が捺され、大竹百本が徴発されている。竹の本数の明記は北条氏の場合と同じであり、北条氏の徴発システムを勝頼が取り入れたことを示している。竜王河原宿の場合は川除に使用する竹木が徴発されたように、竹木は軍事用のみでなく、色々な用途に使用されていた。先に述べた今川氏が岡村氏に川除のため伐採すると言ってきても応じないように命じた事例は川除を理由として、竹木の徴発が行われる事態が頻発していたことを示している。川除は治水という公共性を帯びているため、それを理由にした恣意的な徴発が行われており、それを防ぐために今川氏も朱印を捺した印判状で徴発を行うシステムを採用していたのである。

2　竹木の管理と伐採の防止

禁止された寺社境内林の伐採

徴発の際には印判状を出すと定められていたものの、必要に迫られれば、手あたり次第に伐採が行われるのが現実であった。特に寺社の境内地は山林資源が豊富であったため、伐採の対象となりやすく、寺社側はそれをなんとかして阻止しようとしていた。伐採を行うのは武士のみでなく、民衆も農業用の肥料や日常的な燃料確保のために、寺社の山林に入り込んでいた。これに対して、寺社は戦国大名に頼んで、竹木伐採の禁制を出してもらった。この種の禁制は無数にあるが、鎌倉の鶴岡八幡宮に出された禁制を例にとって検討を加えよう。

天文九年（一五四〇）十一月、北条氏綱は鶴岡八幡宮に対して、境内は勿論のこと、周囲の山に至るまで、落葉を掻くこと、薪を取ること、草を刈ることを禁止した。また、境内に牛や馬を放つことも禁止している。これは鶴岡八幡宮の境内に鎌倉に住む人々が入り込み、盛んに草木を採取していたことを示している。落葉は堆肥や燃料に使用するものであり、かつては落葉掻きは日常的に見られた光景であった。一般に落葉掻きは秋になると葉を落す落葉広葉樹林で行われるが、松葉を掻くこともある。戦国時代の鶴岡八幡宮境内の林の種類は明らかではないが、最初に紹介した花粉分析のデータによれば、戦国時代の鎌倉では松の花粉が多く検出されているので、八幡宮境内も松林が多かった可能性が高い。そうであれば、松葉掻きや松の伐採が行われていたことになる。

薪は火力が強い木が好まれ、一般的にはクヌギやナラ・栗のような落葉広葉樹が利用されるが、松も同じく火力が強いため、利用される。よって、松林が伐採の対象となっていたと考えられる。鎌倉における本来の植生（いわゆる極相林）は照葉樹だが、それが伐採されて落葉広葉樹に変化し、さらに伐採が進むと松林になる。先にも述べたが、松は陽樹と呼ばれ、明るい光が差し込む空間で育つので、伐採跡は松が生えやすい条件を満たしている。だが、江戸時代末期に外国人が撮影した写真によれば、八幡宮境内の裏山は松がまばらに生えている。この状態が戦国時代に遡るわけではないが、松が多かった可能性は十分にある。ちなみに現在は松がまばらになり、照葉樹が多く生えている。

これに対して、草刈りは主として肥料目的で行われたと考えられる。草刈りは山林の下草刈りと草地でする場合があるが、鶴岡八幡宮ではどのような環境で草刈りがされたのだろうか。八幡宮には松林または落葉広葉樹が存在していたので、当然そこでの下草刈りが行われただろう。草刈りに関しては、牛や馬の放牧が禁止されている点も関連する。放牧は言うまでもなく、牛馬に草を食わせる目的で行われるものであり、境内地に草地が存在していたことがわかる。

放牧には山林の下草を食べさせる場合と草原で行う場合がある。八幡宮の平地部分は一部が林で、その他は草地であったと思われ、そこに放牧した可能性が高い。八幡宮の裏山はかなり傾斜が急なため、放牧には適していないので、基本的には平地部分で放牧が行われ、それを八幡宮は嫌ったのであろう。当時の八幡宮は寺と神社が一体となった空間であり、そこに不浄の生き物である牛馬が入り込むことは排除されるべき事態であった。この点はともあれ、当時の八幡宮には鎌倉の住人が入り込み、草刈りや伐採、さらには牛馬の放牧が行われ、それを禁止するために、八幡宮は北条氏に依頼して、禁制を出してもらったのである。

その後、天文十三年（一五四四）六月には北条氏康が「鶴岡社中法度」を定め、植木の枝葉に手を付けた者がいれば搦め捕ること、社殿の後ろの山に人が登ることの禁止を命じている。この禁令からは境内地の林の枝や葉を切ったり、境内背後の山に入り込み、伐採をする行為がなおも続いていることがわかる。鎌倉の住人にとっては、八幡宮境内の山林は肥料や燃料の供給地であり、それを嫌う八幡宮との間で常に争いが起きていたのである。合戦に加えて、日常的な生活にも山林資源が利用されていた点に注意する必要がある。

竹木伐採を拒否した醍醐寺

何度か述べたように、寺社の境内林は合戦の際には狙われやすかった。そこで、合戦の際に寺社側がいかに対応したかを示す具体的な事例を検討しよう。慶長五年（一六〇〇）六月に徳川家康は上杉景勝征伐のため関東に出陣し、伏見城には留守として、鳥居元忠や松平家忠を置いた。これに対して石田三成らが挙兵し、伏見城を攻撃したことはよく知られている。伏見城に近い醍醐寺の座主義演（ぎえん）僧正が書いた日記（『義演准后日記』）には伏見城攻撃に関する記述があり、石田軍による境内への乱暴行為から醍醐寺をいかにして守ったかが詳細に記されている。

七月十三日、大坂で不穏な噂があり、伏見から荷物を京に運ぶことが行われている。この噂は次第に真実味を帯び、合戦になることが予想されたため、義演は十七日に寺の周囲に堀を掘らせることを決断した。翌十八日には大坂城に毛利輝元が入城した知らせが入り、義演はさらに防備を強化している。そして、十九日夜には伏見城攻撃が開始され、鉄砲の音が鳴り響き、放火も行われた。

二十二日、城攻めに使う竹木を伐採すると石田軍が言ってきたので、義演は「守護不入（ふにゅう）」の折紙を写して、醍醐寺の南北の構えに打っている。この「守護不入」の折紙とは、二カ月前の五月二十八日に醍醐寺に与えられた文書を指す。これは慶長三年（一五九八）十二月二十五日付のもので、醍醐寺の寺領四千六百石余を安堵した上で、境内地における武士や奉公人の居住禁止、「山林竹木等の守護不入」、殺生禁断などを認めたもので、徳川家康・宇喜多秀家・毛利輝元が連署している。日付が二年前であるのは慶長五年八月に秀吉が没し、その後諸大名の間で抗争が起き、正式な寺領安堵が延期されたためである。「山林竹木等の守護不入」とは具体的に言えば、武士たちが山林や竹木の伐採を要求してきても応じる必要がなく、彼らの立ち入りを拒否できる権利を意味する。

醍醐寺はこの折紙を楯に取って、石田軍の要求を拒否しようと図ったのである。折紙を写した上で打ったと日記にはあるが、これはどのような意味なのだろうか。折紙は文書であり、それをそのまま外に貼り出すわけにはいかないので、折紙の文言を木で作った制札にそのまま墨で写して、外に掲示する。制札は上部が三角形で、下部が長方形の形をしたもので、今でも寺社の門前で見かけるが、それを板などに釘で打つのであり、その行為を打つと表現するのである。中世の制札には釘穴が残されており、釘で打ちつけられたことを示している。

この二十二日の夕方には小早川秀秋が伏見に到着した。そして、二十五日には秀秋の制札を南北の構えに打ち、寺領には写しを送っている。制札は三カ条で、濫妨（乱暴）狼藉、竹木伐採、田畠苅取の禁止が記されていた。秀秋から制札を獲得したのは秀秋が伏見城攻撃の総大将と目されたためであろう。一方、醍醐寺の寺領では送られてきた写しを制札に加工して、村の入り口に打ち、石田軍の濫妨を防ごうとしたと思われる。だが、これだけでは不十分と醍醐寺は考え、さらに大坂にも制札を取りに行き、三十日には三奉行連署の制札が到着した。その内容も三カ条で、軍勢・甲乙人の濫妨狼藉、放火、山林竹木伐取の禁止、それに田畠の刈取禁止を加えたものであった。これらのことが想定される軍勢による濫妨狼藉の具体的内容であり、その中に竹木の伐採が含まれていた。

地域ぐるみで根こそぎの伐採に抵抗した醍醐寺

こうして醍醐寺は制札を獲得したが、制札を掲示しただけで濫妨狼藉が止むわけではなく、実際には制札など無視した無法行為が繰り返されていた。これに対して、醍醐寺側はいかに対処したのだろうか。

二十八日に石田軍百四、五十人ほどが醍醐寺に押しかけてきて、伏見城攻撃用として竹を切り取ると言ってきた。醍醐寺は勿論これを拒否し、寺にいる侍が出てきて、門を閉じて戦った。さらに早鐘が突かれたのを合図にして、醍醐寺膝下の郷民が武器を持った上で集まってきて、攻撃を加えようとした。その勢いに恐れをなして、石田軍の乱暴者たちは攻撃をしないように懇願してほうほうの体で引き上げていった。

これ以前の二十六日には南里という所で石田軍が竹を伐採したため、郷民が反撃して竹を取り返している。このように、郷民たちは武器を所有していて、石田軍を退散させる力を持ち、醍醐寺境内の竹木を伐採から守ったのである。一般に豊臣秀吉の刀狩りにより、百姓は武器を取り上げられ、武装解除されたというイメージがあるが、実際にはなおも武器を所有し、武力を行使していた点にも注意すべきである。

さて、醍醐寺から退散した石田軍は帰りがけに日野郷（京都市伏見区）にある竹をほとんど伐採していた。また、三十日には勧修寺村（京都市山科区）の林や竹がすべて伐採されている。日野郷や勧修寺村は醍醐寺のすぐ近くにあるが、ここでは伐採を許してしまった。この両者の差は何によって生じたのだろうか。醍醐寺の場合は寺に仕える侍がおり、膝下の郷民との関係が強固であり、しかも門や堀などの防衛施設も構築されていたので、防衛に成功したのである。これに対して、勧修寺や日野郷ではこの点が少し弱かったと思われる。勿論、両所でも郷民による抵抗が行われたと思われるが、結果としてうまくいかなかった。

以上から制札の獲得のみでは竹木伐採を阻止することはできず、地域による防衛行為が必要であったことがわかる。防衛は郷民の武力によって裏打ちされ、軍勢と対等に渡り合うだけの力を持っていた。しかし、防衛に成功するのは一部の郷村であり、実際には軍事用と称して、根こそぎの伐採が行われるケースが多かった。伏見城攻撃は伏見のみでなく、伏見周辺にも竹木伐採という影響を与えたのである。

武士が直接支配した山林の場合

鶴岡八幡宮や醍醐寺のような寺社境内の山林は日常的には寺社が管理していた。これに対して、戦国大名や武士が直接支配している山林も存在していたが、それはどのように管理されていたのだろうか。北条氏の場合は伊豆の天城山（史料では狩野山）・大見山を直轄化し、天文十九年（一五五〇）にはその麓に住んでいる大川神左衛門尉を山奉行（檜奉行）に任命している。そして、杉・檜の伐採・移出を禁止し、必要な際には虎の印判状を発行することを定めた。これは先に述べたように、竹木などの物資徴発の場合の原則であり、この場合もそれに沿っている。さらに、年末には小田原に来て、年内に伐採した木の本数や山の様子を報告するように命じている。

これにより天城山と大見山には杉と檜が生えていたことがわかる。杉や檜は幹が直立して育つという性質があり、長い柱として利用できるため建築資財として有用性が高く、城郭や屋敷の建設に必要不可欠なものであった。それゆえ、北条氏は杉や檜の安定的な供給を図って、両山を直轄化したのである。

杉や檜を必要としたのは北条氏のみでなく、一般の武士や寺社、さらに百姓や町人などにも及んでいた。そして、こうした需要を背景にして、商人は材木を盛んに買い付けていたと思われる。両山の杉や檜は北条氏以外の人々も欲しがっていたものであり、それゆえに大川氏に杉・檜の伐採や移出の禁止を命じたのであろう。大川氏は常に盗伐を監視する役割を担ったのである。

先に述べたように、実際に伐採を行うのは山造（山作）と呼ばれる人々であった。大川氏は北条氏から印判状が届いたら、それに記された伐採すべき本数を山造に伝えて、伐採を行わせる役割を果たしていた。杉と檜はこうした厳重な管理下に置かれていたのである。ちなみに、島崎藤村の『夜明け前』には、木曾には巣山・留山・明山の区別があり、巣山・留山は村民の立ち入りが許されず、明山では五木と呼ばれる五種類の木（檜・椹・アスナロ・高野槙・ネズコ）を許可なしに伐採することを禁止されていたと記されている。この規定は戦国時代の山林制度を理解する上でも参考になる。

巣山とは鷹狩り用の巣鷹（鷹の雛）を取るための山で、戦国大名も巣鷹を取る山の周囲に立ち入ることを禁止していた。これは鷹が巣を懸けた周辺で、伐採をしたり、狩猟のために鉄砲を撃ったりすると鷹が巣を放棄したりするためである。戦国大名はよく鷹狩を行っていたが、これは単なる遊興ではなく、その土地を領有していることを宣言する意味があった。また、鷹は贈答品としても重要であり、それを確保する意味もあった。

留山は領主の直轄林であり、天城山はまさにこれに該当する。戦国時代には一般に木曾で言う留山を立山と呼んでいた。木曾では巣山・留山以外の領域が明山として、村民による利用が許されていたが、天城山の場合も一山すべてが立山であったわけではなく、一部の領域は利用が許されていたと考えられる。完全に伐採を禁止しては、そこで生活している山造の生活手段を奪うことになるからである。

実際、北条氏は天城山では一般の人々による雑木の伐採・移出を禁止する一方で、山造に対しては雑木の伐採を認めている。雑木とは杉・檜以外の木の総称であり、この二種に比べれば有用性が低いので、北条氏も伐採を許可したのだろう。このように山造の生活に配慮しつつも、立山とした領域から杉と檜を独占的に確保し、城郭や屋敷の建築資財に用いたと考えられる。北条氏は伐採を禁止したが、実際には大川氏の監視の目をかいくぐり、盗伐が行われていただろう。また、当の大川氏自身が隠れて伐採を行ったり、山造による伐採を黙認する可能性もあり、年末の報告を義務づけたのもそうした疑念があったからである。山の様子の報告は山がどのような状態であるかを把握するためであり、もし杉や檜の本数が少なくなっていれば、伐採を抑制したり、詳しくは後で述べるように植林をさせたと考えられる。

他者の立ち入りが禁止された立山と立野

領主や寺社が一般人による伐採を原則として禁止した山林は立山と呼ばれていた。同種の言葉には立野（たての）・立川（たてかわ）・立海などがあり、対象とされた場所においては一般人の利用が制限された。立野の場合はその野における草刈りが制限される。同種の言葉には古代の史料によく出てくる禁野（きんや）・標野（しめの）があり、そこは天皇の狩猟場として、一般人の利用が禁止されていた。交野（かたの）（大阪府交野市周辺）はその代表例で、そこで行われた狩猟で獲られた雉は珍重されていたことが知られる。立川は領主自身が川狩（川における漁業）を行う時または領主へ魚を上納するための漁業を行う場合に、一般人による漁業を禁じたもので、御留（おとめ）川とも呼ぶ。立海も同様の意味で、対象となる場所が特定の海域となっている。

まず立山の用例から検討しよう。天正十年、北条氏の一族で玉縄（たまなわ）城主であった氏勝は家臣萩野氏に次のようなことを述べている。「大蔵屋敷」は元々は氏勝が所有していたが、萩野氏が嘆願してきたので管理を任せた。この屋敷の立山の木がよく茂っているが、さらに念を入れて、竹木一本も切り取らないようにしろと命じ、所用の際には所望すると述べている。「大蔵屋敷」の内部が立山に設定され、そこでは竹木の伐採が禁止され、現状が維持されていたので、木がよく茂っていたのである。これこそが立山を設定した効果と言え、屋敷内を手つかずの状態に置くことで、山林資源の涵養を狙い、必要時には徴発を行っていたのである。

もう一つの用例としては、下総の結城氏が発布した結城家新法度の八条がある。これには「人が立てた立山・立野で、盗み伐りや盗み刈りをして、討たれた下人や悴者（かせもの）に関して文句を言ってはならない」とある。まず最初の部分からは立山や立野は特定の人によって設定されることがわかる。設定を行った主体は結城氏のみでなく、結城氏の家臣も想定されており、武士たちは立山や立野を設定して、他者の立ち入りを禁止していた。

また、討たれたのが下人・悴者である点も注目される。悴者とは侍身分の中で最下級の者、下人は侍のもとで下働きをしていた奉公人であり、こうした存在が日常的には伐採や草刈りに従事していたのである。そして、立山や立野に入り込んだ下人・悴者を討つことは認められていた。一般的には盗伐をした者が身につけている斧や鎌を取り上げるのが普通であり、この場合は過酷とも言えるが、常に討ち取っていたわけではなく、斧や鎌を取り上げたり、身柄を拘束しようとして争いになり、その結果として相手を討ったとしても罪は問われなかったというのが実際のところであろう。いずれにせよ、立山・立野には強固な所有権があり、他人の立ち入りは厳しく禁じられていたのである。

中居方による立山管理

大蔵屋敷の立山は建築用資材や軍事用資材に使用されたと考えられるが、立山はそれ以外の用途にも使われることがあった。天正十七年（一五八九）、簗田助縄（すけつな）は石山氏に「御中居之立山於宇和子山（なかいのたてやまうわごやま）」で木草を刈り取る者がいたら、捕えるように命じている。宇和子山は大歩村（わご）（茨城県境町）にあった山で、御中居の立山とされていた。簗田氏は先に触れたように、この時には水海城主であり、石山氏は大歩村に居住していた武士で、簗田氏から立山の管理を任せられていたのである。ところで、この「中居」とはどのような意味であろうか。

中居（仲居）には色々な意味があるが、その一つに将軍や大名の奥方や奥の間に仕える女性や勤務する場所という語意がある。これは実質的には家の台所を指すもので、同種の言葉には御厨子所（みずしどころ）があり、戦国大名には台所方という機関も存在していた。台所の基本的機能は今と同じく食事を作ることで、そのためには煮炊きをするための燃料が必要であった。この点から宇和子山は中居で使用する燃料を供給する山であったと考えられる。

この中居は簗田氏の中居のように見えるが、元々は古河公方の中居を指すと思われる。なぜなら古河公方の所領の中に「御中居領」があり、場所は大歩村に比較的近い矢貝・岩井・矢作に位置していたからである。大歩村は江戸時代になってから泉田郷から独立して成立した村で、その泉田郷は古河公方の家臣豊前氏の所領であった。豊前氏は武士であると同時に医師で、職業上、古河公方の台所とも密接な関係があったと考えられる。そのため所領内に中居方の燃料採取をするための立山が設定された可能性がある。戦国時代には山野が戦国大名の直轄地となるケースがしばしば見られるので、古河公方も泉田郷の山野を中居の立山とし、それがこの時点では簗田氏の管理下に移されていたのだろう。

もう一つ中居と山林の関係を示す事例を検討しよう。天正十一年（一五八三）に長尾憲景（のりかげ）は伊熊（いくま）（群馬県渋川市）の中居領で、竹木を一本でも切り取ることを禁止する制札を出している。憲景は伊熊のすぐ近くの白井（群馬県渋川市）を本拠とする武士である。この場合も中居は長尾氏の台所で使用する燃料の供給地であり、竹の伐採も禁じられていることから同時に軍事用資材の供給地となっていたようである。ここにおける植生の種類は明らかではないが、燃料として最適な薪炭林であり、そこが事実上立山とされたのだろう。

戦国大名の家内には当主や奥方に仕える多くの人々がおり、これらの人々の日常生活を支えるためには薪・炭・竹が必要であった。常陸の佐竹義宣は中居方である田中氏に「立山なミ木森林」を厳密に立てることを命じている。これも台所を扱う中居方と立山の管理が一体となっていたことを示している。このように戦国大名の立山設定には軍事目的以外に燃料を確保する目的も存在し、中居方が伐採規制を行って、立山の植生の維持に従事していたのである。

寺と寺領の百姓にのみ使用を限定された立野

立山とは別に立野も各地に設定されていた。立野は文字通り野であり、主に草、これに加えて低木が生えていた場合が多かったと推測される。過去においては水田の肥料や牛馬の飼料として草が使用され、その必要性は高かった。林が主である立山とは植生が異なるが、先の結城家新法度にあるように、立山・立野は共通する性格を持つ場所であった。そこで、立野の実態を考えていこう。

天正十七年（一五八九）、岩槻城主（さいたま市）北条氏房は比企藤四郎に所領を安堵すると共に、以前から抱えていた立野も安堵している。比企氏はそれほど大身の武士ではなく、日常的には農業経営を行っていたと見られ、肥料や飼っている馬の飼料が必要であり、以前から立野を設定していた。氏房による安堵は比企氏からの申請によったもので、その背景には結城家新法度に書かれているような他所から立野へ侵入する事態が頻発していたことが考えられる。

比企氏のような村落の上層にあり、かつ北条氏の家臣になった家は村落内に多くの田畑を持ち、何頭もの馬も所有していた。そして、召し使っている下人に草刈りをやらせていたが、他所の者と出くわして、争いになることもあったろう。また、立野は一般に村落の周縁部にあり、他村との境界がはっきりしないため、他村の者が領有を主張することも当然あった。こうした状況のもとで、比企氏は氏房に軍役勤仕と引き換えに、立野の領有を安堵されたのである。

立野は寺院によっても設定されていた。北条氏は武蔵足立郡の閼伽井坊（あかいぼう）に禁制を下し、立野で一本でも刈り取ることを禁止し、刈り取る者がいたら捕まえて北条氏に披露するように命じている。この禁制には閼伽井坊立野と記されているので、明らかに同坊が設定していた立野であり、寺や寺領の百姓のみが使用を許されていた。ところが、そこに寺の関係者以外の者が侵入して、刈り取りをする行為が頻発したので、北条氏に申請して禁制を出してもらったのだろう。

また、禁制では侵入者をわざと見逃したら、閼伽井坊や寺領の百姓を罪科に処すとも述べている。これは一方では知り合いなどの縁によって、刈り取りを黙認することも行われていたことを示している。こうした縁を断ち切って、立野の利用を寺と寺領の百姓に限定することを禁制は意図していたのである。

立山・立野を「立てる」とは？

このように立野は戦国大名というよりも、村落の上層や寺院といった在地に密着した者により設定されるのが主であった。これは立野が肥料や飼料用の草刈り場であったためである。立野は近世には一般に秣場（まぐさば）と呼ばれるようになり、複数の村落が共同利用する入会地になることも多かった。立野は境界もはっきりしないため、他村の者などの侵入が発生すると先に述べたが、境界を示す物は全くなかったのだろうか。

天正十八年（一五九〇）、結城晴朝は制札を下し、「なわとめのたて野」に結城（茨城県結城市）や中茎（栃木県小山市）の人や馬が入ることを禁じた。「なわとめ」とは縄留であり、縄で立野への侵入を留めていたことを意味する。縄留の意味はこのように解釈できるが、広大な野のすべてを縄で囲うことは現実には不可能であり、実際には野に入る境界地点の道に縄が張られていたのではないだろうか。村の境界に縄を張って、外からの災悪の侵入を防ぐ民俗が現在でも残っているが、これと同様のことが立野に入る道でも行われ、それを縄留の立野と表現したと考えられる。

このように立野の境界を示す慣習が存在したと思われる。では、しばしば史料に見える「立山・立野を立てる」とはいかなる意味で、こうした境界の明示の慣習といかなる関係があるのだろうか。立てるという言葉は多様な意味があるが、この場合は設定するという意味に近いと思われる。しかし、本来的には立てるという言葉にはよりもっと深い意味があった。このことを知るには、立野が古代には標野と呼ばれていたことが手掛かりになる。

標野の標とは現在でも注連縄（しめなわ）という言葉が使われているように、元々は神の居る領域を示すために、境界地点に設定されるものであった。注連縄が張られている所より先は神の居る領域であり、一般の人の立ち入りは禁止されている。標は木を立てたり、草を結ぶこともあった。『万葉集』には「葛城の高間の草野（かやの）はや知りて標指ましを今そ悔しき」という和歌があり、草野に標が指されている。また、「かからむとかねて知りせば大御舟泊てし泊まりに標結ましを」という和歌もあり、標を結んで出航をはばむことも行われていた。中世には田畑や家屋の差し押さえをする時に、神木を立てる慣習もあり、これは占有したことを示す標の一種である。

さらに、西行（さいぎょう）の『山家集（さんかしゅう）』には「立て初（そ）むる糠蝦（あみ）採る浦の初さをは罪の中にも優れたるかな」とある。これは西行が備前の児島に行った時に詠んだ和歌で、糠蝦（小さな海老の形をした生物）を採る際に漁場を占有した印として、竿を立てる慣習を見て詠んだものである。この場合は竿が標にあたっている。このように、神や特定の人が居る領域を示したり、特定の場所を占有したことを示すために、木を立てる慣習が古代以来存在していた。立山・立野も特定の人が占有している点では同様であり、それゆえに立てるという言葉が使われたのだろう。そして、境界地点には注連縄が張られることもあったのである。

山守の任命

こうして立山や立野が各地に設定されたが、何度も述べたように盗伐を狙う侵入者は絶えなかった。そのため監視役が必要となり、天城山の山奉行に任命された大川氏はその役割を果たしていた。大川氏は山奉行と呼ばれたが、山の監視役を務める役職を古代以来、一般に山守と言っている。

慶長十八年（一六一三）、里見忠義は安房国泉村（千葉県鴨川市）の山守である治部が材木を取るのに尽力しているので、加増して十俵を与えるように命じている。先に述べたように泉村からは舟材が徴発されており、治部は同村に設定されていた里見氏の立山の山守に任命され、山林が勝手に伐採されないように監視していたのだろう。

山守は『万葉集』に「山守のありける知らに、その山に標結ひ立てて結を恥しつ」とあり、奈良時代から設置されていた。この和歌は山守がいることを知らずに、山を占有する標を立ててしまったのは、恥ずかしいという意味である。おそらくこの山は皇族や豪族の所有地で、山守が設定されていたのだろう。平安時代以降には様々な史料に見え、その実態がわかる。

山守とはいかなる存在であったのだろうか。平安時代の事例を検討しよう。主殿寮（とのもりよう）は主として朝廷の建物の維持を担当する役所である。主殿寮は京の北にある小野山（京都市北区・清滝川上流）を所領とし、そこには小野山供御人が存在し、朝廷に松明・炭・篝などを納めていた。応保二年（一一六二）、主殿寮頭小槻氏は小野山に炭焼などが乱入し、四方から占拠されていることを訴えている。東は賀茂神社、西は仁和寺、南は釜殿の炭焼、北は修理職が杣山として占拠し、しかも仁和寺は山守を設置していた。京の北にある小野山は材木や炭などの供給地として、寺社や他の朝廷の役所にとっても垂涎の的になる山であり、山を占拠するとすぐさま山守を設置したのである。これには他からの山への侵入を防ぎ、占拠した山の領有を既成事実化する目的があった。

鎌倉時代には若狭の荘園に山守職が置かれていたことが知られ、山守は荘園領主が任命する職の一つとなっていた。山守は荘園領主から職務を果たした代償として、年貢・公事を免除され、その分が収入になる給田を与えられていた。このように荘園制度のもとで成立した山守が、戦国時代には戦国大名から任命され、立山を守る役割を果たすようになったのである。

両義性を帯びる山守

山守は他者の侵入から山を守らなければならないので、侵入者を排除する武力が必要とされた。後白河法皇が編纂した『梁塵秘抄』には「樵夫は恐ろしや、荒けき姿に、鎌を持ち、斧を提げ、後に柴木巻いて上るとかやな、前には山守寄せじとて杖を提げ」という歌が収められている。樵夫（木こり）を荒々しい存在として、鎌や斧といった典型的な道具を歌い込んで、その姿を描写している。

だが、山守はその荒々しい木こりをも畏怖させる存在であった。木こりは各地の山に入り込み、伐採を行っていたが、そこにはいつ山守が現れて制止を加えるかもしれず、杖を持って身構えていなければならなかった。杖は本来的には休息する際に、背負っていた柴木の荷を支えるために使用するものだが、山守に対抗する武器でもあった。勿論、山守も木こりなどに対抗する必要があり、やはり武器を持って、山内への侵入者を監視していたのである。『宇治拾遺物語』には木こりが山守によって、斧を取り上げられた話が載っており、山守の木こりへの対応の仕方がわかる。

こうした山守の性格の一面を示すのが結城家新法度の規定である。これには次のようなことが書かれている。立山や立野には山廻・野廻と呼ばれ、そこを巡回して監視を行う存在がいる。これはまさに山守のことで、結城氏の領国では山廻と呼ばれていたことがわかる。ところが、山廻・野廻ではない者が山の巡回をすると称して、山に入り込んでいる。彼らは博打をしたり、通行人に対して強盗（追懸）をするつもりなので、正式な山廻・野廻以外は山に入ることを禁止する。

この法令の直接的な対象は山守ではない者だが、山守もいつこうした存在に転じるとも限らず、山守は博打打ちや強盗といったアウトローと紙一重の存在でもあった。山守は山を守るために武力を持ち、相手を恐れさせないといけないが、こうした特徴は一種のアウトローが身につけているものでもあり、それゆえ両者の境界はあいまいであり、山の保護と犯罪予備軍という両義性を帯びていたのである。勿論、山守は村の代表者がなる場合もあり、一口に山守と言っても、その存在は多様であった。このように山守が両義性を帯びていたのは、中世の山が特殊な空間として認識されていたからであろう。

伊達氏の「塵芥集」には、山中から帰ってきた人を盗人や狩人と称して、金品を奪い取ることが多く行われていたとある。中世の山には山立(やまだち)と呼ばれる山賊がいて、強盗を働いていた。そのため、山を生業の場としている山人(木こり・炭焼)や狩人までを山賊扱いし、彼らの身を拘束したり、金品を巻き上げることがあった。山守も山中を巡回している点では山立と同様であり、区別がつきにくいことになる。結局、山は山立のようなアウトローが集う畏怖すべき空間と認識されており、正統な生業を行うために山に入る人々までもがアウトローとされ、危害を加えられる可能性があったのである。山守は侵入者から斧などの道具を差し押さえるが、これは持ち物を取り上げるという点では山立と同じであり、まさに両者は区別しがたい存在であった。

立山には山守、立野には野守

山には立山、野には立野が設定されたことを述べたが、立山には山守がいたように、立野には野守がいた。『万葉集』には、「あかねさす紫野行き標野行き野守は見ずや君が袖振る」という和歌があり、古代から野守がいたことが知られる。先にも触れたように、紫野や標野は天皇が狩猟を行う禁野（禁猟区）であり、野守はそこに人が立ち入らないように監視する役目を果たしていた。では、戦国時代の野守はどのような存在であったのだろうか。

結城家新法度では立野に野廻がいて、野の監視を行っていたが、これがまさに野守であり、立野の設計者は野守（野廻）を任命していたことがわかる。もう一つの野守の事例として、『長楽寺永禄日記』の記述を取り上げよう。この日記は上野国世良田（群馬県太田市）にある臨済宗の名刹長楽寺の僧義哲が書いたものである。この寺の周辺は地形的には扇状地で、中世には一面の野が広がり、長楽寺は付近の野を立野としていた。

永禄八年（一五六五）九月十五日条では、長楽寺の立野である鷹野で計二十四駄二束の「シバ葉」を刈り、うち九駄を長楽寺に送り、残りを野守の近所に届けている。この立野ではしばしば利用をめぐる争いが発生していた。たとえば、一月には柴刈りを行っていた下人の馬・鎌が差し押さえられ、六月には鷹岡や平塚の立野で鎌や馬が差し押さえられた。また、六月十七日条には「今朝、音書記の小者が鷹岡で草を刈るのを見付けたので、鎌を取った」とある。このように長楽寺の立野では草刈りや柴刈りが行われ、侵入者に対しては持ち物の差し押さえを行っていた。

立野を利用できる者は寺の関係者や寺領の百姓であり、しかもあらかじめ許可が必要であったと思われる。音書記は寺の僧侶なので、立野を利用する権利はあったが、許可を受けていなかったため、差し押さえを受けたのだろう。一月と六月の場合は寺領以外の者が侵入したと思われる。

差し押さえられた物は鎌と馬であることから、鎌で草を刈り、馬で運んでいたことがわかる。先の結城家新法度と同様に、この場合も草刈りを行っていたのは下人であり、草刈りは下人が行うのが通例であった。この点はともあれ、こうした行為を監視するために、長楽寺の野守を設定していたのである。ちなみに、刈り取った草の残りを野守の近所に届けたのは、とりあえず野守に管理させ、必要に応じて長楽寺に送らせる目的があったのだろう。野守が住んでいた屋敷には柴や草を貯蔵する施設があり、そこに備蓄していたと考えられる。

立野の植生

この立野はどのような植生であったのだろうか。「シバ葉」という表現から刈った柴には葉がついていたことがわかる。柴とは一般に小さな雑木を意味するので、この場合も鎌で切れるくらいの太さの雑木が生えていたようである。また、草刈りも行っているので、これらの立野は主として草原で、その中に低木が混じっている植生であったと考えられる。一般に植生は草原から山林に遷移していくが、立野では毎年柴刈りや草刈りが行われるため、遷移の進行が抑えられ、草原の植生が維持されていたのである。

一月や九月には柴を刈っているが、晩秋や冬には木が枯れた状態になるので、枯れ葉がついた柴を刈り、さらに落ち葉や枯れ草も採取したのだろう。冬や正月は暖房用の燃料が必要な時期であり、翌年の田畠に投入する肥料を確保する目的もあって、この時期に柴刈りが行われた。一方、六月は草刈りを行っているが、夏になって草が生い茂ったので、その草を刈り取り、肥料や馬の飼料にしたのだろう。野は季節によって、草木の様子が変化していき、それに応じて採草のやり方も変わっていく。野守はこうした自然の変化、さらには草刈りや柴刈りの開始や終了時期などを知悉した上で、違法な刈り取りが行われないように監視を行い、野の植生を維持する役割を果たしていた。野の草も有限であり、もし過剰な刈り取りが行われれば、ススキのような草原に植生は退行していく。それを防止するためにも野守は必要不可欠な存在であった。

伐採や採草の制限方法

山や野の無制限な利用を許すわけにはいかないが、必要な分は伐採や採草をせざるをえない。こうした矛盾を解決するには、今まで述べてきたように、色々な方法があるが、山に入る人馬や採取する量を制限する方法もあった。天正八年（一五八〇）、北条幻庵（氏綱の弟）は三島（静岡県三島市）の護摩堂に対して、毎日馬七匹が入山することを認めた。これは入山する馬の頭数を制限することで、伐採する量を固定化する目的があった。長楽寺の立野でも刈った柴や草は馬で運ばれており、馬の頭数を制限することは効果があった。

また、ちょうど同じ年に武田勝頼は板垣山で毎日芻を一駄刈り取ることを許可している。宛名が欠けているので、誰に許可を与えたのかは不明だが、この文書には獅子の朱印が捺してある。先に述べたように、勝頼は獅子朱印を捺した文書を出して、竹木を徴発していたが、この場合も竹木伐採に関係するので、同じく獅子の朱印を使用したのだろう。芻とあるので、採取するのは草であり、林の下草を刈ったか、または板垣山自体が主に草が生えていた自然環境であったと考えられる。戦国時代には樹木の伐採が進行し、草地になった山もかなり存在していて、板垣山もそうした山であったのかもしれない。

山の伐採の進行に関しては、次の事例も注目される。松平氏の一族に大給松平氏がいたが、その所領の貫高を書き上げた文書には、今まで山札銭を一貫文徴収していたが、山があせてしまったので、今は取っていないと記されている。山札銭とは山に入る代償として領主である大給松平氏に納める銭を意味し、名称からすれば、山に入る許可の証明として百姓に札が与えられていたのだろう。だが、過度の伐採によって、山林がなくなり、山札銭の徴収ができなくなってしまったのである。こうした事態になると、百姓も伐採ができず、領主も税の徴収ができなくなり、互いに不利益を蒙ることになる。こうなる前に伐採や採草を制限することが必要であり、その方法の一つが今述べた入山する馬の頭数の制限であった。

とは言え、実際には、山林が切り尽くされた山も多かったろう。一般にこうした山をはげ山と呼んでいる。一口にはげ山と言っても、それなりに草が生えた状態から、全く草が生えておらず土が露出している状態まで様々あり、最終段階になると再生が困難な場合も多かった。戦国時代には百姓による日常的な利用に軍事用資材の徴発が加わり、全国各地ではげ山化が進行していたと考えられる。

戦国時代にも植林が行われていた⁉

ところで、はげ山という言葉はいつから使われていたのだろうか。十五世紀後半の辞書『和玉篇（わごくへん）』には、はげ山の言葉がある。また、室町末期から近世初期に成立した虎寛本狂言には「はげ山に霜の降かかった様な」とあり（『日本国語大辞典』）、室町後期には、はげ山という言葉が一般化していた。だが、この言葉はもっと古くから使われていた。天喜四年（一〇五六）に藤原実遠は伊賀国内にある先祖伝来の多数の村を譲ったが、その中に簗瀬村（三重県名張市）があった。この時に作成した譲状には各村の境界が記されているが、簗瀬村の北の境界は「剝山」とあり、既に平安時代からはげ山という言葉は使われていたのである。他村の境界は単に「山」とあるので、簗瀬村の北の山のみが特にはげ山となっていたようである。「剝山」とは文字通り、木が剝がれた状態の山を意味している。

先の大給領の書立には「山あせ」と記されていた。「褪せる」とは①海や川湖の底が浅くなる、②色が薄くなる、③容色や勢いが衰えるといった意味があるが（『日本国語大辞典』）、この場合は木が切り尽くされて、山の勢いが衰えたというニュアンスで使われているようである。この種の言葉には次のようなものもある。

大永四年（一五二四）、美濃守護代斎藤利隆は汾陽寺（ふんようじ）（岐阜県関市）に、寺内の木や苗木をみだりに切って、「山すき」になったならば、処罰すると述べている。「透く」には色々な意味があるが、この場合はすきまができる、すけて見えるという意味に近く、木の伐採によって、木と木の間が空き、山の空間がすいた状態になることを「山すき」と表現したのだろう。

このように、「山あせ」「山すき」という言葉で、木がない山を表現している点は興味深い。この言葉には否定的なニュアンスが感じられ、当時の人々は山には木が茂り、繁栄している状態を願っており、そうではない状態を忌避していたことを示している。そうした事態を避けるために、利隆は「山すき」にならないように、伐採を制限したのである。

ここでは木のみではなく、苗木の伐採を禁じている点も興味を引く。利隆はさらに寺が門前や山内に草庵を建立するようだが、「洞（うつろ）の苗木等」をみだりに切らないようにとも述べている。苗木は一般に植林や移植のため、育てたものを意味する。この場合は芽を出したばかりの若い木を意味するとも考えられるが、もし人工的に育成した苗木という意味で使っているとしたら、汾陽寺周辺では苗木の育成が行われていたことになる。次章で詳しく述べるように戦国時代の上野国長楽寺では苗木の育成による植林が行われているので、汾陽寺でも同様のことが行われていたことは十分可能性がある。

また、「洞」とは戦国時代特有の言葉で、戦国大名や領主の家中や家を意味し、ここでは斎藤氏の家中を指す。汾陽寺周辺には斎藤氏が管理する苗木が植えてあり、草庵建立の際に寺内と紛れて、苗木が伐採される危険性があったのである。この点からすれば、斎藤氏も苗木の育成をしていたことになり、戦国時代に植林が行われていたことを示す事例の一つとして貴重である。

第五章　伐採と植林を繰りかえした戦国時代

林と「はやし」

これまで述べてきたように、戦国時代には軍事・建築・日常生活など様々な目的で、山林の伐採が行われていた。だが、伐採が過度に行われると山林資源が枯渇するのは明らかであり、この点は北条氏など戦国大名も認識しており、色々な手段によって、伐採の抑制や禁止が行われていた。樹木や竹などの資源を維持し、必要時に確保できる体制を整えるのが戦国大名の課題であった。

そもそも林という言葉は「生やし」が語源とされている。「生やす」は植物を成長させる（生えるようにする）という意味である。品詞としては他動詞なので、人が何らかの働きかけをして、植物を成長させるというニュアンスがある。勿論、その働きかけの内容は様々で、何も手を加えず、自然のままの状態にして、その結果植物が成長する場合もある。これも手を付けないという意図が加わっている点で、消極的ながら人による働きかけが行われていることになる。一方、植林や移植など人が植物の育成を行う方法もあり、これは人による能動的な働きかけと言えよう。このように、人による植物への働きかけは意識的に何もしないことから、植林や移植まで植物の育成には様々なレベルのものが存在する。そこで、以下では今までの事例を踏まえた上で、戦国時代に山林や竹林がどのように育成されたかを検討しよう。

北条氏による林立命令

北条氏が出した文書には、しばしば「はやす」「はやしたて」という言葉が見える。この言葉は勿論、植物を育成することを意味するが、具体的にはどのようなことが行われるのだろうか。

天正（てんしょう）四年（一五七六）、北条氏は家臣岡本氏に対して、所領吉岡郷（神奈川県綾瀬市）で今後はとにかく「はやす」ことを命じている。そして、印判状がないのに伐採を行うことは許されず、無理に切る者がいたら届け出るように述べている。また、天正十三年に奉行林氏に対し、竹木を堅く申しつけた上で、「はやしたて」を行い、細木や細竹でも切る者がいたら、捕まえるように命じている。

後者の場合は前者に比べて厳格な措置がなされており、しかも林氏は奉行とされているので、この山林の場所は不明だが、北条氏の直轄林と考えられ、林氏がその管理を任せられたのである。両方の場合とも、「はやしたて」の具体的な内容は不明だが、その中に伐採の監視が含まれていたのは確かである。林氏は先に述べた天城山の大川氏と同様の山奉行人という立場にあったと思われる。奉行を置いているので、その林は特に有用性が高く、天城山のように杉や檜が生えていて、それゆえに厳格な管理が行われていたのだろう。

天正十六年（一五八八）、岩槻城主北条氏房は深井氏に対し、自分で「はやし」た竹木の伐採を禁じている。そして、自分の林なので、自分の必要な時に伐採するのはかまわないと述べている。この場合は深井氏の私有林であり、深井氏以外の者による伐採が禁止されたのである。これ以前に深井氏は北条氏政から伐採の禁止を保証されており、それに基づいて、改めて氏房に自分の林の安堵を願い、許可されたのである。この「はやし」には育成・保護したというニュアンスが感じられる。その具体的内容は詳しくは後述するが、主として栗の植林であった。この場合は深井氏は自己の利益のために積極的な育成、具体的には植林を行った可能性がある。少なくとも他人による伐採を自ら取り締まり、林を保護したのは確かである。

「はやし」の内容は史料には書かれていないため、具体的なことは不明だが、実際には色々な方法が行われていたと考えられる。最も単純なやり方は、伐採を禁止することである。しかし、現実に必要な場合には伐採せざるをえず、その際には伐採した分を自然の再生に任せる方法も取られていただろう。植物は自ら種を作り、それを散布することで、子孫を残す。そうした再生力に依拠するのも「はやし」の一つであったろう。その一方で、後述するように植林という積極的な働きかけも行われており、それも「はやし」であった。北条氏はこうした様々な「はやし」のやり方を踏まえて、山林の維持を図ったのである。「はやし」は竹に関する史料でもよく見られるので、つづいて竹の「はやし」に関して検討しよう。

戦国大名の管理下にあった竹藪

竹林は竹藪とも呼ばれる。今でも村落の特定の場所に竹藪がある光景はよく見られるが、近年は竹を使用しないため、竹藪が管理されず、荒れてしまっているところが多い。しかし、かつてはきちんとした管理が行われていて、整然とした竹林が広がっていた。戦国時代には竹林は藪と呼ばれ、以下で述べるように戦国大名の管理下にあった。

永禄(えいろく)七年(一五六四)、北条氏は家臣遠山康光に対して、相模国柳川(神奈川県小田原市)の藪をはやすように命じた。柳川は遠山氏の一族惣九郎の所領であったが、藪自体は北条氏へ竹を上納するための土地なので、必要な時は印判状で申しつけるとも述べている。また、竹を一本でも切ることを禁止している。これは竹藪が北条氏の直轄とされたことを示し、「はやす」つまり竹藪の育成が命じられたのである。この場合の「はやす」の具体的内容は竹の伐採を禁止することで、竹林を維持・育成することである。

天正八年、滝山城主(東京都八王子市)北条氏照は高幡(たかはた)郷(東京都日野市)にあった平山氏の所領を宇野氏に与えた。そして、郷内にあった平山氏の屋敷は「公方藪」として「立て置く」ので、干渉してはならず、さらに郷全体の竹木の伐採を禁止し、どこの藪も「立てる」ように命じている。平山氏の所領が何らかの理由で没収され、代わりに宇野氏に与えられたのだが、郷そのものは宇野氏に与えられたのにもかかわらず、藪や竹木に関しては北条氏による強固な規制が行われている点が注目される。

まず「公方藪」とは何を意味するのだろうか。公方とは北条氏を指し、平山氏の屋敷自体が「公方藪」として、北条氏が所有する竹林とされたのである。屋敷と言っても家屋のみを指すのではなく、敷地全体を指し、そこには元から竹が多く生えていたと思われる。持ち主がいなくなった屋敷は竹藪に転用され、宇野氏に管理を任せた上で、竹の伐採を禁じて育成を図ったのである。「立て置く」とは立山・立野と同じく、設定するという意味であり、まさに北条氏によって設定された藪を意味する。さらに屋敷のみでなく、郷内全体の藪を「立てる」ように命じているが、この「立てる」は設定するというよりも、育成するというニュアンスが強い。

このように、北条氏は郷内の竹木に関しては所有権を保持し、伐採規制を行って、藪や山林の育成を図っていた。戦国時代には山野河海領域は戦国大名の直轄とする動きが広がっていて、家臣に所領を与えても、山野河海領域、とりわけ藪や山林は大名が支配し、そこから竹木を上納させていたのである。「公方藪」とは竹藪が戦国大名の直轄の竹林であったことを端的に示す言葉と言えよう。

竹藪の再生を管理する藪主

もう一つ竹藪に関する事例を取り上げよう。天正二年（一五七四）、北条氏は伊豆国那賀郷（静岡県松崎町）の藪主与三郎左衛門に「韮山要害之御用」として大和竹二十本の上納を命じた。そして、竹は一坪ごとに三本ずつ切り、以後も竹を「はやす」ように命じている。また、同じ那賀郷の藪主又二郎には一坪あたり三本ずつの基準で大和竹十本、一坪あたり二本ずつの基準で小唐竹十六本の上納を命じている。与三郎左衛門と又二郎では上納する竹の種類や本数が異なるので、おそらく、北条氏は藪主が持っている竹林の竹の種類や面積を把握した上で、一坪三本程度の伐採なら竹林の維持に支障はないと判断し、上納を命じたのだろう。ちなみに、小唐竹とは小型の淡竹(はちく)を指すと考えられる。

この場合、藪主は一応竹林の所有者となる。だが、竹が伐採されないように監視するなど、藪の育成つまり「はやし」に従事していたと思われ、実質的には北条氏が所有する藪を代行して管理していたのであり、その所有権や処分権は制限され、私有地ではあるものの、先の「公方藪」と実質的には変わらないと言えよう。

竹は密生して生えるのが一般的であり、少々間引いても、後から間に竹の子が生えてきて、再生する。竹の子に関しては、北条氏は相模国海蔵寺(神奈川県小田原市)宛の禁制で、寺山の林を枝木でも切ること、竹の子を一本でも抜き取ることを禁じている。竹の子は当時から食べ物として珍重されており、寺の境内に生えているものを周囲の住人が抜き取っていたのだろう。そのため、寺は北条氏に依頼して、こうした内容の禁制を出してもらったのだが、公方藪の管理者や藪主にも同様の命令が出されていたはずであり、竹の子の抜き取りの監視も彼らの役目の一つであったろう。

長宗我部氏の掟書では、自領内にある竹木でも、奉行に届けないで切ることを禁止している。また、竹の子を折ることも禁止している。長宗我部氏の場合も竹木の伐採は厳重な管理下に置かれている。

竹の子を折ることの禁止は竹藪の再生を妨げる行為と認識されていたからであろう。竹は多くの用途に使用されるため、常時伐採が行われるので、竹の子を保護することで、竹藪の再生を図っていたのである。

「はやす」と「成り立つ」

このように山林や竹藪に関して、北条氏はしばしば「はやす」ことを命じていた。「はやす」はまさにスローガン的な言葉として使用され、人々に竹木を育成する意識を植え付けることになった。勿論「はやす」ことは主として軍事や建築用資材に使用する目的にあるが、戦国大名の領国は一種の国家であり、他国との戦いに勝利することが必要不可欠である以上、そのスローガンは正統性を持っていた。一方、「はやす」ことを命じられた人々や一般の民衆にも、必然的にスローガンは浸透していき、それにより伐採や育成に関する意識が養われていったのかもしれない。

長宗我部氏の掟書では、竹木が成り立つようにするのが肝心と述べているが、「成り立ち」と「はやす」は同義であり、他の大名でも言葉は違えど、同様のスローガンが唱えられていたのである。竹藪の場合は伐採制限や竹の子に手をつけないという方法で、竹林の育成がなされていたが、より積極的な働きかけによる「はやし」も行われていた。それは言うまでもなく植林である。山林は必要に迫られれば伐採せざるをえないが、再生は必要であり、その有効な手段は植林である。従来、植林は近世になってから開始されたと説明されることが多いが、実際には中世から植林が行われていた。先に触れた『長楽寺永禄日記』には植林の実態を示す記述が豊富なので、主にこれを利用して、戦国時代の植林の実態を探っていこう。

戦国時代の植林技術

杉は建築資材として、戦国大名にとって最も重要視された木である。近世には植林が行われていたことが従来から指摘されている。また、第二次大戦後に行われた植林により、杉の本数が急激に増加し、これが花粉症の主要な原因となっていることはよく知られている。杉は特定の場所に集中的に植林をしやすい木であるが、戦国時代にはどのように植林が行われたのだろうか。

『長楽寺永禄日記』の二月二十日条には「杉の取木をさせた」、同月二十九日条には「取木を杉の苗木の下枝とともにさせ、挿し木も置き、道の南で寺僧にそれをやらせた」とあるが、ここに出てくる取木（とりき）とは何のことだろうか。取木とは圧条（あつじょう）とも呼び、杉の枝や新しい梢を地中に埋め、そこから根が生えた後に切り離して、苗木とする方法である。

近世の園芸書『草木育種後編』には「取木は啓蟄（けいちつ）（陰暦二月）や八月中に行う。（中略）枝を曲げる際には、段々と曲げるのがよく、四、五日も過ぎてから又曲げれば、枝が折れないのでよい。また、曲げたところの皮を少し剝ぐのがよい」などと取木の方法が詳細に記されている。取木を圧条と言うのは、枝（条）に圧力をかけて曲げることによると思われる。この園芸書に書かれているように、長楽寺でも二月に杉の取木が行われていて、この技術が中世に遡ることを示している。

二月二十九日条は杉の苗木の下枝の取木もしたという意味で、苗木の下の方の枝を曲げて地中に埋めたのだろう。苗木からも新しい苗木を育成することで、苗木育成の効率を上げる試みがなされていたのである。

次に二月二十九日条に見える挿し木について検討を加えよう。挿し木とは一般に枝や茎を切り取って、土に埋めて根を出させる方法である。近世の随筆『松屋筆記』（小山田与清著）には杉の挿し木について、「薩摩では毎年四月頃、杉の枝を二尺くらいに切り、六本を二把として、山中の泉に浸しておき、四、五日たってから、取り上げ、山野の空き地に杖を立てて穴を作り、そこに指すと、百本のうち七、八十本は根が付く」とある。長楽寺で行っていた挿し木はこれより単純な方法であったようだが、道の南で行っているので、日当たりの良い場所で挿し木を行っていたことがわかる。

苗木の育成と移植

こうして取木や挿し木により、杉の苗木が育成された。そして、三月二十日には苗木の草取りを行っている。苗木の段階では競争力が弱いため、雑草を排除する必要があり、そのための草取りである。さらに「苗木に覆いをした」と日記にはあるが、これは何の目的で行われたのだろうか。近世後期の農学者として知られる大蔵永常が著した『広益国産考』には、「苗木が生えた時には、垣の上から葭簀の覆ひをしろ」とある。この場合も同じことで、苗木の上に覆いをしたのである。

その後、四月十二日には苗木を植え直している。現在の苗木育成ではこれを床替えと言い、ある程度苗木が成長してから植え直すことが行われていて、この点では同様である。このように、長楽寺では取木や挿し木によって、盛んに杉の苗木を育成していた。これは現代でも行われている苗木の育成技術と大差はなく、既に戦国時代にはかなりの高度な技術が確立していたことを示している。この技術はさらに時代が遡ると思われる。

苗木はある程度育つと、別の場所に移植される。日記には苗木を長手(ながて)に持っていき、植えたという記事が多く見られる。この苗木は杉以外に次に述べるサイカチも含まれていた。長楽寺がある地域は金山(かなやま)城(群馬県太田市)を本拠とした由良氏が支配していた。由良氏はいわゆる国衆と呼ばれる一定の領域を支配していた小規模な戦国大名と位置づけられる。金山城はその名の通りに山の上にあるが、その麓が長手であり、この時期にはそこで城普請が行われていた。城普請は具体的には堀を掘るというような防御施設の構築が中心だが、苗木の移植もその一環であったらしい。二月十八日には長手に千本の苗木が植えられており、合計すると相当多くの苗木が長楽寺を通じて集められ、長手に植えられていた。この大規模な植林の目的は戦争状態の中で、軍事用資材となる樹木を植林して、その確保を目指したと考えられる。

ちなみに、慶長二年(一五九七)に安房国にある大山寺(千葉県鴨川市)が杉の苗木を購入している事例があり、この時期には杉の苗木が商品化していた。こうした状況は戦国時代に遡ると思われ、杉の苗木育成技術を持っている者は苗木を売り、そうした手段によっても植林が行われていたと考えられる。

サイカチの植林

日記にはサイカチ（西海子）に関する記事も多く見られる。サイカチはマメ科の落葉高木で、高さは一〇メートルになり、幹や枝には鋭い刺が多いのが特徴である。実である豆や刺は薬や染料、木は薪炭・器具などに使われ、有用性が高い。日記には実の蒔種、苗木の移植、成長した木の移植という三種類の植林方法が記されている。

二月二十八日には平塚の有力百姓である福島弥二郎の屋敷にあるサイカチを所望し、それを掘らせて、宝泉寺（岩松満国ゆかりの寺院、太田市由良）の北に植えている。これには苗木とは書かれていないので、成長したサイカチを移植したと考えられる。三月四日には寺僧の幸書記にサイカチの実を蒔かせている。同月七日には河田壱岐守の屋敷にサイカチの苗木を掘らせるために、三人の男を遣している。河田は小領主クラスの武士である。また、同月八日には木崎から送られてきたサイカチの苗木を南にある安生軒の屋敷の垣根沿いに二本植え、他の場所に穴を掘って、その中に実を蒔いている。

また、木崎のサイカチの苗を、長手に三匹の馬で運んでいるが、翌日には長手にサイカチの苗木を植えたという報告が届いた。先に述べたように、長手では城普請が行われており、郭という長楽寺の僧が長手の小屋に滞在して、普請の差配をしていた。前月の二十九日にも郭へサイカチの苗百本が送られていたが、これも長手に送られたものである。

これらのサイカチの木や苗木の供給源は河田壱岐守・木崎・福島弥二郎である。木崎は長楽寺の東北に位置する村で、日記には木崎の福島氏が長楽寺に豆腐を贈っている記事があるので、同氏の屋敷にあったサイカチを入手したと考えられる。河田・福島氏は村に住む小領主クラスの武士であり、その屋敷にはサイカチの木が多くあり、苗木も育成されていた。なぜ、これらの屋敷にサイカチが植えられていたのだろうか。三月八日には垣根沿いにサイカチが植えられているが、これはサイカチが屋敷の周囲を区切る役割を果たしていたことを示している。サイカチは刺があるので、外部からの侵入を防ぐためには最適の木であり、それゆえ小領主クラスの屋敷の垣根として植えられていたのだろう。

戦国時代の堅田（滋賀県大津市）でも、屋敷の周囲の土居（土塁）にサイカチの木が植えられていた（『本福寺跡書』）。当時、堅田は琵琶湖における水上交通権を持ち、時には海賊行為を働くなど、最も勢力があった町であり、地侍（小領主）を中心とした自治も行われていた。この屋敷も地侍クラスの屋敷と思われる。

つまり、戦国時代の小領主クラスの屋敷ではサイカチの木を植える慣習があり、長楽寺はそこからサイカチを入手していたのである。長楽寺でもサイカチの木を植えているが、これは小領主の屋敷にならったもので、サイカチの木の防衛性や有用性に着目したためであろう。そして、サイカチは金山城普請の一環として長手に大量に植えられ、城の防備に利用されていた。このように、サイカチは小領主の屋敷から植林によって、寺院や城へと広がっていったのである。今でも旧家の垣根にサイカチが植えられていることがあるのは、こうした小領主の屋敷の伝統を受け継いでいるのだろう。

「中世には植林は行われなかった」は大きな誤り

日記には他にも多くの植林の記事がある。九月二十六日には「境の新宿の北に、コナラの実を植えさせた」とあり、コナラの実を新宿の北側に植えている。コナラは落葉広葉樹で、関東では雑木林に生えている最も一般的な木で、第二次大戦直後までは薪炭として使われていた。コナラの実はいわゆるドングリの一種であり、それを拾って植えたのである。「新宿」は戦国時代に各地に新たに作られた一種の町場で、そこを拠点として周辺の土地の開発が行われていた。なぜ、そこでコナラを植林したのだろうか。上野国（こうずけ）は上州名物空っ風と呼ばれるように、冬季の風が強い。冬季の風は越後から山越えで吹き下ろしてくる北風であり、北側に実を蒔いているので、防風林としての意味があった。また、コナラの木は薪炭、落ち葉は肥料として利用されるが、平野部にある新宿の周囲には林が乏しかったと思われ、薪炭や肥料を確保するために植えられたと考えられる。

他に長楽寺で盛んに植林されたものにアスナロ（翌檜）がある。二月十五日には庭にアテノミを寺僧に蒔かせ、同月十八日には塔の廊下にアテノミを蒔かせている。また、三月十三日には宝泉寺に同じくアテノミを蒔かせている。アテノミとはアスナロの実のことである。アスナロはヒノキ科の針葉樹で、一般には本州の高度の高い所に分布し、葉が檜より大型で、耐久性があるので建築の土台などに使われる。庭や廊下に蒔いているので、寺院の景観を荘厳する目的があったのだろう。また、成長した際には建築資材として使用する意図もあったとも考えられる。
三月五日には竹の西にある垣根沿いに槻木(つきのき)の苗木を植えさせている。また、三月十日には東の杉林に槻木を植えている。槻木はケヤキの古名である。ケヤキは高さ三〇メートルにも達する落葉広葉樹で、箒を逆さに立てたような樹形をしていて、秋になると黄色に染まる。寺社の境内に多い木で、遠くからもたいへん目立つ。槻木の植林は寺社の境内に植える伝統に基づくものであろう。

このように、長楽寺では杉・サイカチ・コナラ・アスナロ・ケヤキといった多様な種類の植林が行われていた。植林の方法は①実を蒔く、②苗木の育成や移植、③成長した木の移植があり、杉の苗木育成は現在の技術と変わらない水準に達していた。また、小領主と寺院との間、寺院間でも苗木や木の融通が行われていた。サイカチが盛んに植えられたのは戦国時代という時代状況を反映したもので、小領主の屋敷から寺院へと広がりを見せていた。そして、由良氏は寺院や小領主が持つ苗木育成の技術を領して、杉やサイカチの植林を行い、軍事用資材の確保を図っていたのである。こうした点から、中世には植林が行われなかったという常識は全くの誤りであることがわかる。

植林は領国の繁栄を実現する方策の一つだった!

次に栗の植林の事例を取り上げよう。天正十七年(一五八九)、岩槻城主北条氏房は家臣深井父子に「深井氏が植え立てた山を預け置く。毎年栗の実を取り、苗木を植え立て、御用に立っているので、別人が山を利用することは禁止し、誰でも枝を一本でも折った者は捕えて報告するように」と述べている。深井氏は栗の実を蒔いて苗木を育て、栗林を育成していたのである。

この山は先に「はやし」の項で触れたように、深井氏が自分で「はやし」た私有林であり、「はやし」の具体的内容は以上のものであった。ここに記されている「御用」とは勿論北条氏の御用であり、栗の木の育成自体が北条氏への奉公であると認識されていた。これも既に述べたように、栗の木は尺木(しゃくぎ)などの軍事用資材として重宝されており、深井氏は必要時に栗の木を北条氏に差し出していたのだろう。

栗は成長が早いことで知られ、林の育成には好都合な木である。また、現在、畑に栗が植えられて、栗畑のようになっている光景をよく見かけるが、栗は特定の土地に集中的に植えることが容易であり、この点でも人為的に育成しやすい。古代以来栗林は面積で把握されていたが、これも栗が密生して植えられ、林をなしていたことを象徴的に示すものである。

また、栗は搗栗(かちぐり)（勝栗）とも呼ばれ、祝儀の品として宴会の席によく出され、贈答されていた。そして、戦国時代には文字通り合戦に勝利をもたらす食べ物として、より祝儀性が強まり、武士たちにもてはやされた。江戸時代には将軍に遠江国只来(ただらい)・山東(やまひがし)村（静岡県浜松市天竜区）から、毎年搗栗が献上されていた。その起源は徳川家康と武田勝頼が遠江で戦っていた時に、村民が加勢を命じられて参陣し、その際に搗栗を献上したところ、家康は喜んで、諸役免除の特権を与えたことに基づく（大友一雄『日本近世国家の権威と儀礼』）。これは江戸時代に記された由緒書に記されているもので、実際にあったことであるかは不明だが、搗栗が祝儀の品として珍重されていたことを示している。深井氏も栗林で採れた搗栗を献上していたのかもしれず、それも「御用」の一つに含まれていたのではないだろうか。

戦国時代には飢饉状況がしばしば発生していたが、栗は田畑の収穫がなかった場合には食料にもなる。栗には多様な用途があり、まさに戦国時代の状況に最も適合した木として、植林や育成は他の場所でも広く行われていたと思われる。深井氏による栗の植林は北条氏の御用に立てることを標榜して行われ、それを根拠として北条氏から他者による伐採禁止といった保護を受け、私有権をより強固なものとしたのである。その推進には御用というスローガンが掲げられていた。これは戦前の「お国のため」というスローガンと同じであり、領国（国）の繁栄を実現する方策の一つが植林であったのである。

松で覆われた京都

松は日本三景として知られる松島のように、日本的景観を構成する木であり、中世の絵巻物にも多く描かれている。織田信長が上杉謙信に贈ったことで知られる『洛中洛外図屏風』（上杉本）を見ると、京の屋敷や庭園などは松で埋めつくされている。まさに戦国時代は松の時代でもあった。最初に述べた花粉分析の結果でも、中世を通じて松が増加している。

松の増加は最初に述べたように、松の陽樹という性質により、照葉樹や落葉広葉樹などが伐採された跡に最初に生える木であることに基づく。一方、松は植林も行われ、それも松を増加させる要因であった。では、松の植林はどのような方法で行われたのだろうか。その代表的な方法は山から松を掘り取り、移植するものであった。これに関しては、室町中期に書かれた貞成親王の日記（『看聞日記』）に多くの記述がある。貞成親王は後花園天皇の父で、京の南の伏見に屋敷を構えていた。日記が書かれた時期は四代将軍足利義持や六代将軍足利義教の時代にあたる。

応永二十五年（一四一八）二月七日には、松山に行って、松数十本を掘り、それを取ってきて、庭に植えている。また、同月二十一日にも「山松」数十本を掘り、庭に植えている。このように、伏見の周囲の山は松山と呼ばれることからわかるように、松が多く生えていて、その松を掘って庭に移植しているのである。応永三十一年（一四二四）二月十一日には松山で小松を掘り、庭に植えているので、松山に生えている小さな松が移植されていた。こうした小松の移植は毎年のように行われ、その時期はほとんどが二月である。木は一般的に春から夏にかけて成長するので、成長直前の二月に移植を行った方がその後の成長もスムーズにいくため、この時期を狙って移植が行われた。

日記には九月頃に松茸狩りを行ったという記述も多く見える。松茸は赤松林に生えるので、この点から伏見周辺の山は赤松が多かったことがわかる。多くの人口を抱えた京では、古代から薪炭や建築資材用に周辺の山の木が多数伐採され、その跡に赤松が生えていき、その結果赤松林が卓越したと考えられる。松の種は松ぼっくり（松毬）の中にあり、松ぼっくりは成熟すると開いて種を飛ばす。種が日当たりのよい場所に着地すると、そこで松は成長していくが、その成長途中の小松を掘り抜いて、移植していくのである。こうした手段で京には次々と松が移植され、町じゅうが松で覆われるようになったのである。

信長が命じた街道の植林

信長は天正二年（一五七四）閏十一月に尾張国中の道を一年に三回修築するように命じた。そして、翌年十月には国中の道に並木を植え、枯れた時には沿道の村の責任で、植え替えるように命じている。これを受けて、信長の子信忠は翌年二月に詳細に道路の整備のやり方を定めている。その内容は本街道は三間二尺、脇街道は二間二尺、在所の道は一間の幅で、脇には松と柳を植えるというもので、そのために松を掘ったり、柳を切ることを許可している。この場合も松は別の場所で掘り取り、街道に移植することになっている。

この命令は尾張のみでなく、他国にも出されている。当時、京を支配していた信長の家臣村井貞勝は京に入る道の整備を、住民たちに分担させて行わせていた。天正三年（一五七五）二月、吉田神社の社領の村は六百間を担当させられることになり、吉田神社側は工事の免除を嘆願したが、認められなかった（『兼見卿記』）。そして、仕方なく工事に着手し、道には命令通りに松を植えている。吉田神社は京の東北の吉田山の麓にあり、室町中期に吉田兼倶（かねとも）が吉田神道を創始し、以後神社界全体に権威をふるった。こうした権威ある神社も信長の命を拒否することができず、街道の整備工事に駆り出されたのである。この街道沿いに植える松をめぐって、吉田神社と京の住民の間で争いが起きていた。天正四年（一五七六）正月、上京の住人が吉田山の松を掘り取りに来たので、吉田神社はこれを拒否し、住人たちを追い払った。住人側としては信長からどこで松を掘り取ってもよいという許可をもらっていたので、それを根拠として吉田山の松を掘りに来たのであろう。一方、吉田神社側としては大事な神木なので、掘り取りは許されることではなく、そのため争いになったのである。この争いから、吉田山には松が多く生えていたことが窺える。

吉田神社に対しては、しばしば境内に生えている松の所望が行われている。元亀四年（一五七三）六月、将軍足利義昭から使者が派遣され、境内の馬場に生えている松五本を所望した。この種の所望はこれまでも何度もあり、その度に断っているが、何しろ相手が将軍であるので、断りきれず仕方なく、承知している。将軍の権威を背景に松の所望が行われているが、こうした事はこの時に始まったことではなく、室町時代には天皇や将軍が庭園用の樹木を各地に河原者を派遣して、徴発することがしばしば行われていた。室町時代の庭園は河原者により作庭されており、そこに植えるべき樹木を各地を廻って見立て、掘り取っていったのである。

所望を行ったのは義昭のみではない。天正六年に村井貞勝は屋敷に植える杉を各所に所望し、吉田神社では三本を進上している。また、近衛や勧修寺など公家も松を所望し、掘った松を与えている。このように、吉田神社境内の松や杉は道路や京の屋敷に植える松の供給地となっていた。杉は長楽寺で見たように、神社で苗木が育成されて、植林が行われていたのかもしれない。元々は神社の境内には照葉樹林が生えていたが、戦国時代には松が主で、他に人工的に植林された杉が生えていたと考えられる。

神社の境内は伐採禁止などの保護を受けていたため、松の植生が一定度保たれており、将軍などの多くの人々から所望が行われていた。それなりにつきあいや関係がある人からの所望を無下に断るわけにはいかず、仕方なく所望に応じ、その結果移植が行われたのである。『洛中洛外図屏風』に見える京を覆っている松尽くしの風景はこうした経過で出来上がったのである。

樹木の育成にも長けていた寺社

神社に対し樹木を所望することは、一般的であったようである。上野国高崎城主和田信業は領内にある神社の神主高井氏に屋敷内にある檜と杉五本を所望するので、根を深く掘り、土を付けて、薦に包んで持ってくるように命じている。現在でも神社の境内に杉が植えられていることが多いが、なぜ杉なのだろうか。その理由は杉は神が降臨する依代（よりしろ）として意味を持っていたからである。

『梁塵秘抄』には祇園精舎の後には「神の験（しるし）と見せんとて」、古い杉が立っているとある。「神の験」とは神が天から降りてくる目標という意味であり、京の祇園社にある杉には神が降りてくるという信仰があった。実際『洛中洛外図屏風』には祇園社の背後に杉が描かれており、杉は祇園社にとって大切な存在であった。また、各地に矢立（やたて）の杉と呼ばれる杉があり、軍陣に出る武士は木に矢を射て、吉凶を占っていたと伝えられている。実際、戦国時代の伊豆三島神社には矢立の杉が実在していた。

このように、神社にとって杉は特別な意味を持っていた。おそらく、長楽寺の場合と同様に各地の神社でも苗木が育成され、それを利用した植林が行われていたと考えられる。つまり、和田氏は神社が杉の供給地であることを利用して、移植を所望したのである。移植の方法は現在も行われているのと同じであり、移植の知識が一般に広まっていたことを示している。神社に対して松を所望し、それを掘って移植した事例もあり、寺社は松・杉・檜という有用な樹木を育成し、それを他へ供給する役割を果たしていたと言えよう。それを可能にしたのは、寺社の境内地が戦国大名などの権力者によって保護されたのと同時に、樹木を育成する様々な知識を持っていたことによる。

終章　戦国軍拡と自然環境の変化

度重なる伐採と洪水

戦国時代における長期間の戦争の継続は環境に多大な影響を与え、それはボディーブローのように効いてきたと思われる。現代でも、第二次大戦後、伊勢湾台風など大型台風の来襲により、洪水が頻発し、大きな被害が発生した。その原因は一説によれば、たまたま大型台風が来たことによるのではなく、戦時中における山林の伐採により、山が荒れて保水力が低下したことによると考えられている。

戦国時代においては、この点はどうであったのだろうか。

『家忠日記』には天正(てんしょう)十一年（一五八三）七月二十日に大雨が降り、三河では五十年来の洪水になったとある。ちょうどこの時に徳川家康の娘（督姫(とくひめ)）が北条氏直に嫁すことになっていたが、大雨のため延期された。この時には三河各地の堤が決壊した。さらに二十三日夜にも大雨が降り、洪水となり、二十日よりも水位が高くなった。そのため田地は一面水浸しになり、収穫不能の状態に陥った。この大雨は関東にも降り、古河や関宿（千葉県野田市）など利根川水系にあった堤も決壊している。この洪水は関東では二十年来なかったものという。ちなみに戦国時代には利根川は今の古利根川や中川の流路を通り、東京湾に注いでいた。

この洪水の様子を伝える古河公方家臣の書状には、古河城下の新堤が切れたとあり、これより少し前に新たに堤が修築されたことがわかる。信玄堤に代表されるような堤の修築が関東でも盛んに行われていた。古河は渡良瀬川と思川（おもいがわ）が合流する地点であり、古河城は川の中に位置していた。そのため、城下町を守るための堤が築かれていたが、この時の大雨によって、ひとたまりもなく決壊したのである。

この洪水は時期から見て、台風によるものと思われるが、単なる自然災害とは言えないだろう。関東は長く戦乱が続き、永禄（えいろく）三年（一五六〇）に始まる上杉謙信の関東侵入はそれに拍車をかけた。利根川の上流である上野（こうずけ）国は上杉・武田・北条の間で激しい攻防が行われ、多くの城郭が築城された。こうした戦争や築城に伴い、利根川水系の山林がかなり伐採され、保水力が低下したと考えられる。そして、たまたま来襲した台風がもたらした大雨により、大規模な洪水が発生したのだろう。川の流れを制御しようとして作った堤は自らが行った環境の改変により、反撃を受けたと言えよう。

ちなみに、史料的に明確な根拠がなく、時期に関しては疑問が持たれているが、木曾川は天正十四年（一五八六）六月二十四日の洪水で、現在の流路になったと言われている。時期は不明なものの、戦国後期において木曾川の流路変更をもたらすだけの洪水が発生したようであり、これも同地方における合戦の影響と考えられる。木曾川上流は中世から良材の産地として知られ、室町時代には木曾で採れた材木が京や鎌倉にまで運ばれている。戦国時代には城郭建築などに利用されたのは確実であり、伐採の進行が洪水の原因であったのではないだろうか。いずれにせよ、戦国時代後半には合戦のための山林の伐採などによる環境の改変がボディーブローのように効きはじめ、大規模な洪水という破局をもたらしたのである。

洲の形成と新田開発

上流部分における山林の伐採は川の環境を変えていく。先に述べたように、中世には利根川は東京湾に注いでいたが、時期や過程には諸説あるものの、近世初頭に流路の改変が行われた。現在の関宿から下流の利根川は中世には別の川（中世の正式な河川名は不明）であったが、古河の南で元々の利根川と接続させ、現在の銚子に注ぐ流路となり、下流では霞ヶ浦と北浦と合流した。そこには古代から広大な水域が存在して、小規模な海のような様相を呈していた。ところが、近世初頭にはそこに洲が形成され始めた。洲とは上流から流れ出た土砂が堆積して、島状になった土地を呼ぶ。佐原（千葉県佐原市）など周辺の百姓はこの洲を利用して、新田開発を開始した。洲は最初は不安定な土地であったが、百姓たちはそこに蒲や葭を植えて、土砂を定着させると同時に、稲を栽培し、安定的な土地としていった。

こうして洲に新しい村が作られたが、時が経つと、また新しい洲ができ、同様の過程を経て、別の村が作られた。こうして新しい村が十七世紀を通じて作られていき、ついには十六島と呼ばれるよう

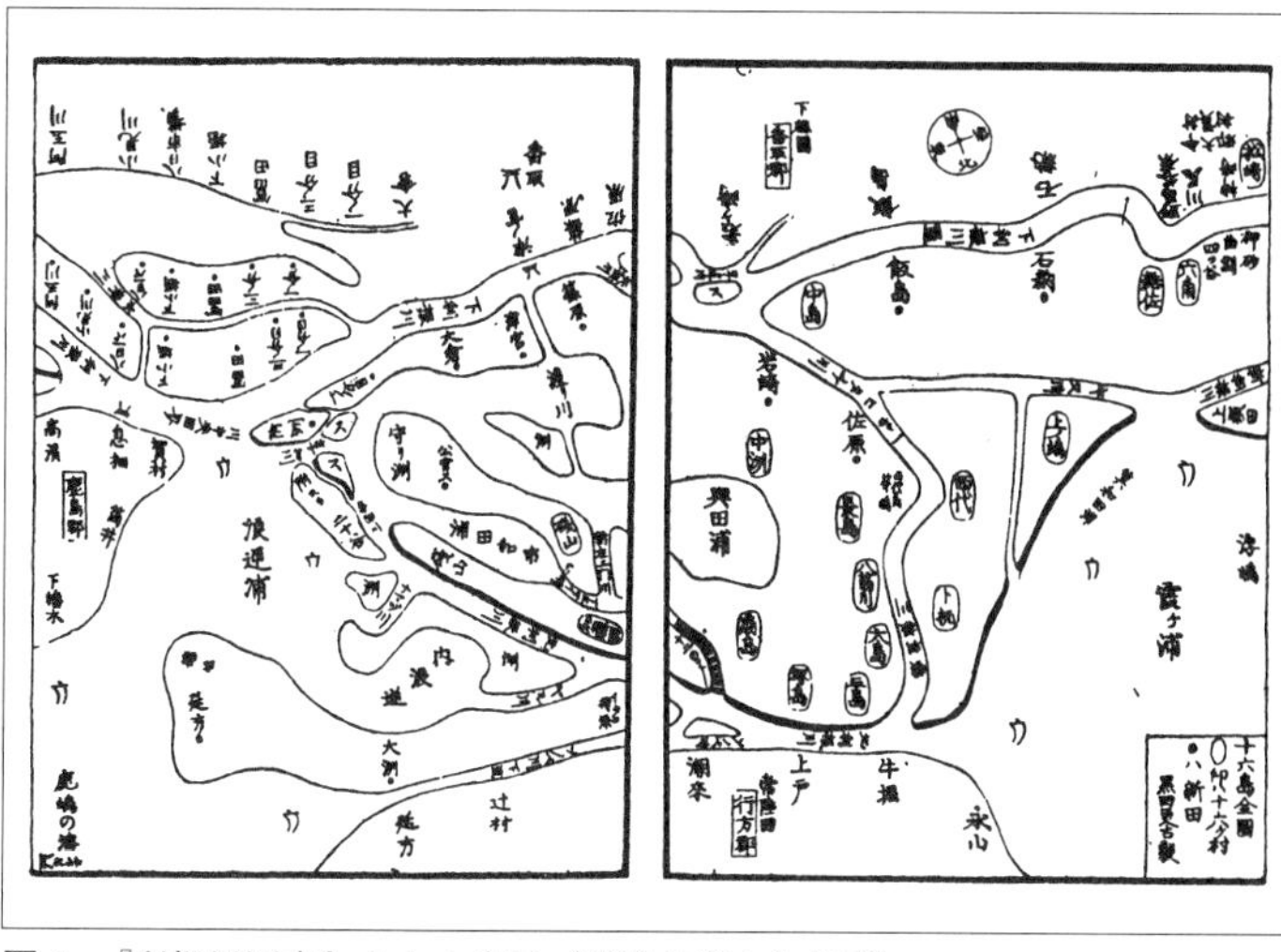

図6　『利根川図志』の十六島図（岩波文庫より転載）

になった（図6）。島ごとに村があり、周囲は利根川の流れで囲まれていた。この付近は現在水郷と呼ばれ、水田が広がっているが、その源泉は近世初頭の洲の形成にあった。では、なぜ近世初頭に洲が形成され始めたのだろうか。

利根川の流路の変更以前から洲の形成は始まっていたが、流跡変更により、上流は上野国利根郡となり、流域面積も広がったことで、さらに拡大したと思われる。土砂の流入は上流部分で、山などから土砂が流れ出したことを意味している。土砂の流出は山林の伐採により促進されるものであり、これも戦国時代に行われた伐採が一因と考えられる。このように、利根川下流の洲の形成も戦国時代の遺産の一つであり、それを利用した新田開発が行われたのである。人の活動が環境を改変した一つの事例と言えよう。

様々な要素による環境の改変

これまで戦国合戦が環境に与えた影響について色々な角度から検討を加えてきた。本書では山林資源に与えた影響を中心に扱ったが、環境は複合した要因により改変されていく。大地震や火山の噴火は言うまでもないが、先に触れた洪水などの災害は環境を一変させる。これらによる被害はそれが発生する以前から行われてきた環境の改変により、増幅されることもある。これは今で言えば、自然災害と人為的要因が重なったいわゆる人災にあたり、こうした複合的要因を考慮する必要がある。

山林の伐採に関しても、本書では軍事的利用を中心に扱ったが、この時期には新田畑を開くために山林を伐採することも広く行われていた。さらに、当時は焼畑も広範に行われており、山林が焼かれることも多かった。また、草原を牧草地として維持するために、野焼きも行われていた。野焼きは現在も阿蘇山や伊東の大室山などで行われている。草原を手つかずの状態に置いておけば、次第に木が生えていき、最後は森林になるが、毎年野焼きを行うことで、森林への移行が阻止される。

植物学ではこうした植生の移行過程を遷移（せんい）と呼び、人が手をつけず、自然のままで植生が移行する最終的な段階を極相（きょくそう）、その林を極相林と呼ぶ。日本の南部の極相林は照葉樹林である。第二次大戦直後までは薪炭として林が利用されていたため、定期的に伐採と再生が繰り返されていたことにより、極相林への移行が抑えられていたが、薪炭としての利用がされなくなったため、次第に極相林へと進行し、照葉樹が復活しつつある。照葉樹は寺社の境内林となっている場合が多いが、戦国時代においては京の寺社の境内は松や杉林が主であり、常に寺社境内の林が照葉樹であったわけではない。こうした植生の変化は人による林の利用形態の変化に影響され、その利用形態自体も時代により変わっていく。

戦国時代が終わり、大坂の陣や島原の乱を最後に合戦はなくなった。しかし、近世初期には大規模な城郭が各地に作られ、また江戸などの城下町や大坂などの商業都市が建設され、建築用資材が大量に必要となった。一旦建設された都市も大規模な火災が発生するごとに再建用の材木が必要となった。このような時代状況の変化により、環境は多大な影響を受けてきたのであり、それらを歴史的に位置づけるのは現在の環境問題を考える上で、重要な課題であると言えよう。

おわりに

本書では戦国時代において戦争を遂行するにあたって、いかにして植物資源を利用・管理し、それが自然環境にどのような影響を与えたかを述べてきた。戦国合戦は合戦の場のみに注目が集まりがちだが、その背景に目を向けることも必要である。戦争を自然環境との関係で捉えることは今後も重要性が高く、戦国時代以外の戦争に関しても、こうした視点で捉えていくべきと思われる。

本書で述べたように、戦国大名は山林や竹林の資源管理を行っていたが、実際には過度な山林や竹の伐採が行われ、各地ではげ山化が進行していた。長く続いた戦国時代も最終的には秀吉の天下統一により終息に向かうが、朝鮮侵略という対外戦争が行われ、国内外に多大な被害を与えた。近年高校の教科書にも記述されるようになった秀吉が発した惣無事令は、戦争から平和へのターニングポイントとなる重要な位置づけを持っている。その背景には平和を望む人々の意識があり、そうした意識をもたらした要因の一つに自然環境の破壊による生活基盤の喪失があったことは十分考えられる。

現在では自然保護の意識は生活から内在的に根ざしたものというより、外部から情報として与えられるのが一般的になっているが、本来は日常的に生活をしていく必要に迫られて、自然に会得していったものである。戦国時代の人々が自然環境をいかに認識していたかは今後も追究すべき課題である。また、こうした意識の時代的変化も跡付けていく必要がある。本書でも各所で言及したように、寺社境内の樹木は保護される対象であったが、保護の意識は木を伐採すると神罰や仏罰が下ることに対する畏怖感に基づいていた。こうした宗教的なタブーが過去においては重要な意味を持っていたのは確かである。今でも寺社境内には見上げるほどの大木・古木がよく見られ、数百年の樹齢を誇っている。こうした大木は寺社境内地以外にはほとんど残っておらず、寺社境内地が特別に保護される対象であったことを物語る。

寺社境内地の古木として、多く見られるのは杉・イチョウ・ケヤキ・楠である。杉は本書でも述べたように神の依代（よりしろ）という特別な意味があった。天に向かって屹立している杉は確かに神々しい雰囲気があり、その幹の巨大さもあいまって、我々にある種の感慨を抱かせるのに十分である。イチョウは鎌倉の鶴岡八幡宮の階段の脇にあるものが有名で、鶴岡八幡宮別当（べっとう）公暁（くぎょう）による源実朝暗殺がここで行われたと伝承されていることで知られる。イチョウが日本に中国から伝わった時期に関しては諸説あるが、鎌倉初期にはまだ伝わっていないとされている。この点はともあれ、なぜイチョウが受容され、寺社境内に盛んに植えられるようになったかを解明するのも興味ある課題である。

ケヤキは槻木（つきのき）とも呼び、ほうきを逆さに立てたような樹形をしている。寺社境内には非常に高い木がよくあり、遠くからよく目立つ存在で、秋には黄色になってから落葉し、葉を落した様子も親しみ深いものである。また、ケヤキは真っ直ぐ幹が延びる性質から、建築材としても利用される。一方、楠は照葉樹で暖地系の木であるため、主として西日本や太平洋側に生えている。『太平記』における楠木正成の登場シーンで、楠の枝が横に伸びている描写があるが、これは楠の特徴をよく示すものである。楠は古木になると、たいへん太く高くなり、しばしば神木として信仰の対象となっている。

このように、身近な所にある古木にはそれぞれ歴史があり、木の種類ごとに特別な意味が賦与されていた。本書で述べたように、各樹木には固有の性質があり、それに応じて用途が定められていた。こうした樹木の性質が戦国大名による伐採計画や資源管理の内容を規定したとも言えるのである。

さて、特定の木またはいくつかの種類の木の組み合わせからなる樹木の集合を植生と呼ぶ。こうした植生は自然に形成される場合と人為的に形成される場合がある。現在、問題になっている花粉症は戦後に杉が大量に植えられたことが主たる原因であり、これはまさに植林という人為的要因により、植生が形成された事例である。勿論、杉のみでなく、檜も大量に植えられたが、これは杉や檜の建築材としての有用性によるものであり、その性質自体は古代以来着目されてきたもので、それが戦後に突出した形で現れたと言えよう。また、杉や檜の植林は植生を単調なものとし、食用になる実を作らないことにより、森林に住む熊などの動物の餌を奪い、熊が人里に出没する原因となったと指摘されている。

このように、植生の形成には人為的な要素が強く反映し、各時代における歴史的背景がある。戦国時代の場合は本書で指摘したように、戦争遂行が植生に影響を与えたと言えよう。その後、秀吉の時代には戦国時代とは次元が異なる城郭が作られるようになり、近世の城郭へとつながっていく。こうした城郭建築が新たな材木需要を呼び、植生の在り方を変えていったと思われる。秀吉は城郭以外にも方広寺などの寺社建築も行い、この面でも大量の材木需要が創出された。また、大坂や伏見、さらには各地に新たな城下町が形成され、そうした町場作りに必要な材木も膨大な量に上った。まさに以前にも増しての材木の大量消費時代がやって来たのであり、それは近世を通じて継承されていく。つまり、時代ごとに材木の需要と供給の在り方は変化していき、それが植生の在り方に影響を与えるのである。

近年、自然環境や資源管理、生業を扱った歴史研究が行われつつあるが、本書も戦国合戦を題材として、こうした点を明らかにすることを目的としたものであり、一般的な戦国合戦を扱ったものとは異なる視点から叙述したものである。従来の歴史学は政治や社会構造を扱ったものが中心であったが、今後は環境に関する視点を取り入れて、従来の歴史学が明らかにしてきたことを捉え直すことが求められよう。政治や社会構造に環境が影響を与えるのであり、その相互関係を踏まえることで、従来とは異なる政治や社会構造の在り方が見えてくるはずである。そして、歴史学が現代的課題に貢献するには、こうした視点からの研究が必要であると考えられる。

本書刊行に際しては、洋泉社の藤原清貴氏、朝重かおる氏、長井治氏にたいへんお世話になった。

二〇〇八年四月十三日

盛本昌広

補　　論

多様な軍需物資

戦争遂行のために必要な物資を一般に軍需物資や軍需品と呼んでいる。原書の題名はそれに依っているが、この書名自体は原書の編集者が決めたものである。原書が出版された時にネット上では軍需物資と題名にあるが、木材や竹など植物資源のことばかりで失望したという書き込みが見られた。特に一般的に関心が高いのが兵粮の調達や武器である。これ以外にも築城などに必要な工具・道具、兵粮などの荷物運送に使用する道具、武器の原料となる金属資源、馬の飼料などもある。これらの軍需物資の調達や確保の在り方を明らかにする必要があるが、紙数の関係で兵粮に関連する事象を中心に補論として取り上げたい。また、原書で記した塀を意味する尺木の語源に関して、誤りがあったので、訂正しておきたい。

兵粮の調達

軍需物資の中で重要な物は兵粮であるのは論をまたない。近年、兵粮に関しては、久保健一郎氏の『戦国時代戦争経済論』（校倉書房、二〇一五年）、『戦国大名の兵粮事情』（吉川弘文館、二〇一五年）がまとめられた。また、拙著『戦国合戦の舞台裏』（洋泉社新書、二〇一〇年、増補新版が二〇一六年に刊行）でも検討を加えた。また、兵粮は掠奪により現地調達されることが多いが、藤木久志氏の『雑兵たちの戦場　中世の傭兵と奴隷狩り』（朝日新聞社、一九九五年、後に新版が朝日選書として二〇〇五年に刊行）、『飢餓と戦争の戦国を行く』（朝日選書、二〇〇一年）などで戦国時代の掠奪の実態が明らかにされた。こうした研究により兵粮調達の解明が進んだが、論じ残された点も多いので、兵粮調達の方法を整理した上で、その一端を記しておきたい。

一口に兵粮調達と言っても、状況によって方法が全く異なるので、細かく分類した上で検討すべきである。戦国時代の戦いのほとんどは城攻めであり、城を守る場合と攻める場合に分けて考えなければならない。城を守る場合は籠城用の兵粮を城内に備蓄した上で、城外からの補給を行なうのが基本である。城内への備蓄に関しても、①元から城内にあった兵粮、②籠城に備えて新たに外部から調達する兵粮、③籠城する者が持ってくる兵粮に分けられる。城外からの補給は攻城側がそれを阻止しようとするので、それをめぐる攻防が行なわれる。このように、補給をめぐる戦いの様相も兵粮など軍需物資の調達と密接に関係する。

城攻をする場合は攻撃者が自分で兵粮を持参するのが基本である。これは兵粮自弁と呼ばれ、中世は兵粮自弁で、近世は兵粮支給であったと従来は考えられていた。確かに中世には兵粮自弁が基本であったが、そうではないケースもある。また、現地調達も行なわれるが、掠奪や戦場に来る商人からの購入などの方法がある。掠奪は対象から①苅田、②苅麦など畠作物の掠奪、③百姓や町人の家からの掠奪、④山野河海領域からの植物・魚介類の掠奪に分けられる。

兵粮というと、米に目が向けられがちだが、麦も重要である。麦作が卓越している地域や麦の収穫期（旧暦五・六月頃）には苅麦などによる麦の掠奪が行なわれていた。戦国・織豊期の日記によれば、うどん・素麺・切麦（今でいう冷麦）といった小麦を原料とする麺類がよく食べられていた。特に麦の収穫期である旧暦五月から七月にかけて食べるケースが多い。麦は平地の畠以外に台地・扇状地・河岸段丘といった水田化が困難な場所でも栽培が可能であり、こうした地形が卓越している地域では麦を食する機会が多くなる。

たとえば、上野国（群馬県）は扇状地や河岸段丘が発達している。同国内の長楽寺（群馬県太田市）の僧侶が書いた日記（『長楽寺永禄日記』）には麺類を食している記事が多くみられる。また、北条氏が上野国の家臣に給分として麦を支給している事例がある。同国は現在もうどんが名産品で、水沢・桐生・館林うどんが三大うどんとして知られるが、こうした歴史的伝統を受け継いだものである。このような地域では麦が日常食であり、兵粮としても重要であった。

城攻めなど別の場所に出陣する場合は出陣時期が短期なのか長期なのか、出陣地が近いか遠いかで、当然ながら兵粮調達の在り方が違ってくる。短期ならば兵粮は少量で足りるが、長期ならば大量に必要となる。出陣地が近いと本拠地からの兵粮補給は可能だが、遠いと困難になる。たとえば、上杉謙信による関東出陣は越後からは遠距離なので、越後からの兵粮輸送は困難であり、必然的に掠奪に頼ることになる。

腰兵粮と一日の食事量

『雑兵物語』には荷宰料と呼ばれる雑兵の記述がある。同書は鉄砲足軽小頭・草履取・馬持・沓持・矢筥持・玉箱持・荷宰料・夫丸などの雑兵が自らの体験・教訓を語る形式で記したもので、戦国時代の雑兵の在り方を髣髴させるものとして、多く使用されてきた。だが、同書の成立は『雑兵物語・おあむ物語』（岩波文庫、一九四三年）の中村通夫氏の解説によれば、明暦三年（一六五七）以降、天和三年（一六八三）以前であり、戦国時代に遡及させて利用するわけにはいかない。とは言え、父や曾祖父の言ったことを引用している部分もあり、一定度は戦国時代の状況を示していると思われる。同書の記述は戦国時代・織豊期・近世初期の実態や虚構が混在していると思われ、その分別は難しいが、今後は各時代の史料と突き合わせて、記述の内容を検討する必要がある。

この点はともあれ、宰料は一般には宰領と書き、荷物運送の責任者をいう。この場合は兵粮などの荷物運送の責任者という意味であろう。その一節には「四五日の扶持方は細首にひつかけた所で、三日や四日ばいは、馬を押付ないでも事は欠けまい」とある。わかりにくい表現だが、四五日の兵粮は米を入れた袋を首に引っかければ足りるので、馬で運ぶまでもないといった意味であろう。つまり、数日程度の出陣ならば少量の米で十分ということである。

これと関連するのが腰兵粮という言葉である。『日本国語大辞典』では腰につけて携行する当座の兵糧とし、用例として『太閤記』（巻五）の「こし兵粮のみ、かるがると営ふで出よ」を挙げている。この言葉は（永禄七年カ）正月四日に北条氏康が伊豆在住の家臣秩父・西原氏に出した書状にも見える（西原文書）。これには「明日五日、当地より具足にて、腰兵粮を乗馬に付け、各々懸け候、然らば明日昼以前に当地へ打ち着くべき候、兵粮調えなき候ば、当地にて借りるべく候、元より三日用意に候間、陣夫一人も召し連れず候」とある。当地は小田原を指し、五日に出陣する予定なので、明日の昼までに小田原に着くように命じたものである。出陣にあたっては各武士が腰兵粮を乗馬に付けることになっているが、兵粮が用意できない場合は小田原で借り、三日分の用意でよいので、陣夫は連れてこないように命じている。この文書によれば、腰兵粮は馬に付けることになっている。

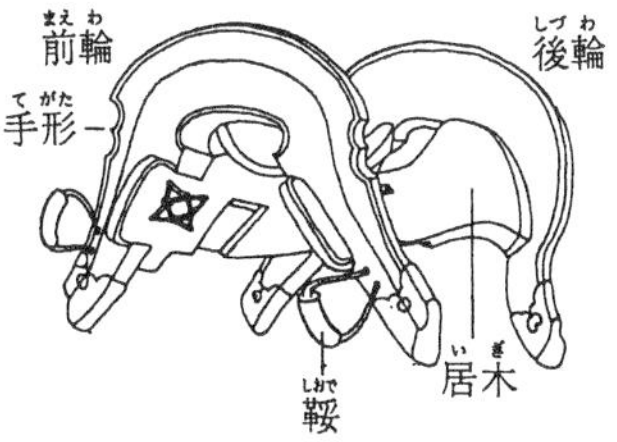

図A　鞍橋（近藤好和『弓矢と刀剣』より）

　この点に関して、『雑兵物語』では馬取の一節に「右の鞖に面桶に米を入れて」とある。鞖（四緒手・四方手）は『日本国語大辞典』では鞍の前輪と後輪の左右に付けた金物の管を入れた紐で、鞅（むながい）・鞦（しりがい）を留めるもので、後輪の鞖には別に食料などを結び下げる紐を下げ、餉付または取付というとある。つまり、鞖に米などの食料を入れた袋や桶を付けることが一般的に行なわれており、北条氏は短期間の出陣なので、そうするように命じ、そのことを腰兵粮と称したのである。この場合は騎乗の武士なので馬に付けたが、足軽などの歩兵は腰に袋を付けていたので、腰兵粮と呼ばれていたと考えられる。

兵粮に関しては、一食に必要な米の量が問題となる。現在の炊飯器で炊くと、一合で約茶碗三杯分となる。一合は容量は約一八〇ミリリットル、重さは約一五〇グラムである。食べる量は個人差があるが、二合ならば茶碗六杯分となり、一日三食ならば茶碗二杯分、二食ならば三杯分となるので、この程度で十分であると思われ、兵粮不足になるので、多く食べるわけにはいかなかったはずである。勿論、大食いの人は別である。また、合戦前には力を付けるために多く食したとも考えられる。従来は一日に必要な米の量を過大に見積もる事が多いので注意が必要である。たとえば、近世の武士の給分として支給される蔵米から一日に食する米の量を計算している記述を見かけるが、蔵米は自分で食べる分以外に、家族や家臣が食べる分、売却して貨幣に替えて他の消費分を賄う分も含まれているので、蔵米から一日に食する米の量を推定するのは無意味である。

一般に中世は一日二食、近世は一日三食とされるが、既に戦国時代には三食が一般的になっていたと思われる。この点に関して『大和田重清日記』の記述が参考になる。この日記は佐竹義宣の家臣大和田重清が記したもので、文禄二年（一五九三）四月一八日から一二月晦日の分が残っており、当時の武士の生活を具体的に知る上で貴重である。日記の前半は肥前名護屋（佐賀県唐津市）滞在中の記述である。当時、秀吉により全国の大名が名護屋に在陣を命じられていた。その後、秀吉から東国大名の帰国が命じられたため、佐竹義宣も帰国することになり、大坂・京を経て水戸に帰った。日記の後半は名護屋からの帰国の途中と帰国後の記述である。

同日記では水戸に帰る途中の九月二六日に御嵩から落合まで進んだが、途中の大井で「御酒食籠上ル」とある（御嵩以下は中山道の宿名）。食籠は蓋が付いた木製の容器で、円形や四角のものがあり、何段にも積み重ねたものもある。博物館では漆塗りの豪華な食籠がよく展示されている。この場合はどのような形態かは不明だが、その中に食べ物が入っていた。翌二七日には落合から上松まで進んだが、途中の野尻で「昼食スル」とある。また、閏九月二日には望月から松井田まで進んだが、途中の軽井沢の問屋でソバを食べている。問屋（問屋場）は近世では宿場で人馬の継立などを差配する役所を意味するが、日記では宿場での馬の継ぎ立てや問屋に関する記述がよく見られるので、既に問屋が存在し、食事の提供も行なっていたことがわかる。現在、長野県はソバが名産品だが、軽井沢のような高地ではソバの栽培が行なわれ、既に名産品化していたと考えられる。

昼食の記述がない日もよくあるが、食べても記述しない場合もあったはずである。勿論、忙しかったり、食べる場所がない場合は取らないこともあるが、昼食を取るのが一般的になっていたと考えられる。一方、出陣の際などは急いでいたり、兵粮不足の恐れがあるので、昼食を取らない場合もあったと思われる。いずれにせよ、兵粮は一日に米二合程度で足りたはずで、重量では一日約三〇〇グラム、三日程度の出陣ならば約一キロとなり、馬や腰に付けて運ぶことは可能であり、腰兵粮という言葉が生まれたのであろう。

兵粮としての糒（乾飯・干飯）

米を炊くには時間がかかり、薪などの燃料も必要である。また、軍記物には米を炊く煙が大量にあがったので、攻撃が近いと推測したといった記述が見られる。これが事実かは不明だが、煙が陣を敷いている場所・兵力・食事の時間などの状況を敵に知らせてしまうのは確かである。そうした点もあり、炊く必要もなく、煙も出さずに簡単に食べられる物があれば便利である。その代表として、糒（ほしいい）（乾飯・干飯）がある。乾飯に関しては『日本生活史辞典』（吉川弘文館、二〇一六年）で以前に記述したが、それを踏まえて、補足したい。

『日本国語大辞典』には米を蒸して乾燥させた食料。貯蔵用の乾燥飯、湯水に浸せばすぐ食用となり、兵糧や旅行の際に用いた。後には夏季に冷水に浸して賞味したりした。大阪府藤井寺市の道明寺と宮城県仙台市産のものが特に有名で、菓子の原料としても用いるとあり、別称として、かれいい・道明寺・ほしいいを挙げる。

糒に関しては『律令』の軍防令に規定があり、兵士一人が糒六斗と塩二升を用意することになっている。日本思想大系『律令』（岩波書店、一九七六年）にはこの部分に注釈があり、『続日本紀』延暦八年（七八九）六月条に糒六斗は三十日分の携行食料とされているとある。これを一日あたりに換算すると糒二升となる。米の量を計る升の大きさは時代や地域により異なり、現在とは容積が異なっていた。古代に使用されていた大升一升は現在の四合または六合とされるが定かではないが（『日本史大事典』（平凡社）の升の項）、おおよそ古代の一升は現在の半分程度であり、糒は一日あたり一升となる。だが、先に推定したように、一日に食べる米が二合程度であり、糒一升は過剰である。よって、この記述は何らかの誤りまたは机上の計算の可能性が高い。この点はともあれ、糒は古代から軍隊の兵粮とされていた。

糒は陣中見舞の贈答品であった。小田原攻めの際には秀吉に対して、陣中見舞として尾張の曼荼羅寺（愛知県江南市所在の浄土宗寺院）が糒一折（曼荼羅寺文書）、多賀出雲守（近江国多賀が本拠）が糒十袋（多賀文書）、唐入見舞として、堺南北が糒十袋を贈っている（開口神社文書）。折は現在でも折詰弁当という言葉があるように、薄い木の板で箱型に作った容器（『日本国語大辞典』）のことであり、その中に糒が入れられていた。袋は布製と思われるが、紙製の可能性もある。

また、小牧長久手の戦いの最中の天正十二年（一五八四）四月に本願寺の顕如は秀吉に河野越中を使者として送り、馬・樽三荷・道明寺糒廿袋を贈っている（『宇野主水日記』）。この日記は顕如の重臣宇野主水が記したものである。『日本国語大辞典』では道明寺糒を糯米を蒸して天日に干したもので、水に浸したり熱湯を注いでやわらかくしたりして食べ、かつて道明寺（大阪府藤井寺市）で天満宮に供えた饌飯のお下がりを乾燥貯蔵したことに始まるとし、用例として『天理本狂言』の萩大名の「道明寺ほしひをまきたてたやうなと云」を挙げている。道明寺は菅原氏の祖先が自宅を寺として土師（はじ）寺と称したのに始まり、菅原道真の死後に天満宮が祀られ、道明寺と改称した。『天理本狂言』は天理図書館所蔵の『狂言六義』三冊のことで、寛永年間頃（一六二四〜一六四四）に書写された和泉流の祖本とされている（日本古典文学大系『狂言集』解説、岩波書店、一九六〇年）。狂言の内容は中世から近世にかけて発展していったものなので、「道明寺ほしひ」の表現がいつ頃から存在したかは不明だが、少なくとも近世初期には道明寺糒が名産品となっていたことが窺える。

本願寺による道明寺糒の贈与はこの用例を遡るものとなる。当時、本願寺は和泉国貝塚（大阪府貝塚市）にあり、道明寺は近いため、入手は容易であった。秀吉も大坂城を本拠としていたので、既に近隣にある道明寺糒を知っていたと思われる。本願寺は戦場での食事となる道明寺糒を陣中見舞として贈ることで、秀吉と良好な関係を保つことを図ったのであろう。この贈与の記事の次には伊勢・美濃で一揆が蜂起したが、これに本願寺は関与していないことを弁解するように使者河野越中に命じたとある。なおも一向一揆の蜂起が起きる状況が存在し、本願寺は秀吉に気をつかう必要があった。同年九月十日にも本願寺は秀吉の陣所に夜物・花段子・織色といった豪華な着物を贈っている。本願寺は秀吉や家康など各地の武士に平常時にも盛んに贈答を行っており、広い範囲の武士と関係を保っていた。逆に武士の方から新たに本願寺に贈答を行なう事例もあり、武士にとっても本願寺との関係を結ぶ必要があったことを示し、本願寺の影響力の大きさが窺える。このように、道明寺糒は天正年間には名産品として知られていたが、いつから作られていたかは不明である。ちなみに道明寺糒は現在も道明寺粉として販売されている。

糒は先述した『大和田重清日記』にも散見する。五月五日条に「干飯二袋、状をそへて越」、六月十五日条に「ほしい二袋持参」、七月十六日条に「ホシイ、十袋持参」とある。いずれも名護屋在陣中の記事であり、陣中見舞として贈られたものである。また、すべて袋に入っている。七月四日条には奉行衆が集まり、「ホシイ、ノ後すい物アリテ酒出ル」とあり、会合の席に糒・吸物・酒が出されている。この記事の後に船を受け取ったが、下積（したづみ）（船を安定させるために積む荷物）は日暮になったため受け取らなかったとあるので、昼間の出来事であり、昼食として糒を食べている。昼食は元々は軽食・菓子から始まったものであり、まさに糒はそうした意味を持っていた食品である（『日本生活史辞典』の拙稿「昼食」参照）。一方、六月二七日条には「真壁殿煩付参、ほしいアリ」とあり、真壁殿が病気なので参ったところ、糒が出されている。これは病気見舞いなので、病人が食べる糒が出されたと考えられる。病気の時にはお粥を食べるが、糒も同様の意味を持っていたことがわかる。

このように糒は古代から軍隊の携行食であり、陣中見舞の贈答品となり、道明寺糒は名産品であった。糒は水につけても食べられるので、湯を沸かす必要もなく、陣中の食事としては最適であり、インスタント食品の源泉と言える。ただし、戦国時代や織豊期の陣中でどの程度糒を食べていたかは不明であり、今後の課題である。

荷物運びと挟箱

兵粮輸送に関しては、人夫や馬が運んだといった漠然とした印象にとどまり、突き詰めた検討は行なわれてこなかった。勿論、小荷駄隊の存在は知られているが、人夫（陣夫）や馬の編成など不明な点が多い。また、兵粮以外にも武具なども運ぶ必要がある。これは軍隊全体の編成とも関わることでもある。軍隊は戦闘員と非戦闘員に分けられる。戦闘員は馬に乗る武士（騎馬武者）と歩兵に大別されるが、馬に乗る武士の下には中間・小者・人夫といった存在があり、彼らが兵粮や武具の輸送にどのように関与したかを明らかにする必要がある。

その一例として、挟箱について簡単に検討してみよう。近世を扱った時代劇では中間が挟箱を担いでいるシーンが印象的であるが、これはいつからあったのだろうか。『日本国語大辞典』では挟箱を近世、武家の公用の外出に際して必要な調度装身具を納めて従者にかつがせた箱、挟竹にかわって用いられるようになった長方形の浅い箱で、ふたに棒を通してかつぐようにしたものとする。『日葡辞書』（宣教師が日本語をポルトガル語に翻訳した辞書で一六〇三〜四年刊行）に立項があるとし、『太閤記』（巻十七）の「供奉の人々も具足の人々も具足・甲を挟箱に隠し入れ」という用例を挙げている。

また、『雑兵物語』には挟箱持という雑兵の記述がある。『太閤記』は小瀬甫庵が記したもので、寛永二年（一六二五）の自序があるが、刊行年に関しては議論がある。『太閤記』は秀吉時代を扱った記述だが、近世初期の実態が記述に入り込んでいる可能性もある。この点はともあれ、『日葡辞書』

で立項されている点から、慶長年間以前に挟箱が存在していたのは確かである。

先述した『大和田重清日記』にも挟箱の記述がある。六月二四日条には「宗守より、はけ借テ、はさみ箱をはり直ス」とあり、挟箱が存在していた。はけで張り直したとあるので、挟箱には何かが貼ってあったことになる。恐らく、雨よけの紙で、紙には柿渋が塗ってあったと思われる。なお、柿渋に関しては『日本生活史辞典』（吉川弘文館）の拙稿「柿渋」で略述している。また、六月二八日条には「はさミ箱之かな物、御大工たのミ仕付ル」とあり、挟箱には金物が付いていた。これは棒を差し込んで担いでいたことを窺わせる。この記述により、文禄年間には挟箱が普及していたことが確認でき、出現したのはそれ以前となる。

図Ｂ　舟木本『洛中洛外図屛風』　左下に挟箱を担ぐ者が見える

挟箱の普及時期に関して、絵画の事例を見ておこう。舟木本『洛中洛外図屛風』には主人に従って挟箱を持つ従者の姿が複数描かれている。この屏風がいつ頃の京都を描いたかに関しては議論があるが、おおむね慶長二十年（一六一五）頃と考えられている。また、『大坂冬の陣屏風』にも挟箱を持つ従者が描かれている。この屏風は慶長二十年の大坂冬の陣の情景を忠実に描いたと評価されている。このように、慶長年間には挟箱を持つ従者は見慣れた姿になっていた。一方、上杉本『洛中洛外図屏風』には騎馬の武士に従う従者が数箇所描かれているが、挟箱は見えない。ただし、従者は鑓を持つ者以外は何も持たない者がほとんどである。この屏風がいつ頃の京都を描いたかに関しては同じく議論があるが、天文から永禄年間（一五三二〜七〇）のものとされている。詳細はともあれ、戦国後期であるのは間違いなく、この頃には挟箱は存在しなかった可能性が高い。

挟箱の出現・普及時期に関しては、戦国・織豊期の文献や絵画の実例を網羅的に調べる必要がある。また、挟竹が挟箱に発展したとされるので、挟竹に関しても同様である。挟竹は『日本国語大辞典』では、昔、衣服などを二枚の板でおおい、それを竹ではさみ、従僕などにになない持たせたものとし、『日葡辞書』に立項があるとする。『大和田重清日記』や『雑兵物語』には挟箱に入っていた物に関しては記述はないが、挟竹から発展したものとすれば、衣服が主で、他に小物類などと思われる。一方、先述の『太閤記』では具足・甲を入れたとする。絵画では挟箱は一般に小さいので、具足・甲は入らないが、大きい箱ならば入れるのは可能なので、挟箱の大きさについても検討を加えるべきである。

挟箱など軍需物資を入れる容器、それを運ぶ人夫や馬の実態も不明な点が多い。たとえば、兵粮は先述した腰兵粮や糒は別として、俵に入れて馬や人が運ぶ。各種の絵画には俵を運ぶ馬が多く描かれているが、俵の積み方に色々なパターンがある。また、人が俵を背負っている姿も描かれている。紙数の関係で詳細な点は述べられないが、軍需物資の確保に関しての重要な論点の一つである。

尺と柵

原書では柵に関する問題を扱い、中でも尺木という言葉に注目した。北条・武田・上杉氏などに関する史料には尺木という言葉が使用されており、城や陣の防御用に使われた柵を意味する。北条氏の場合は尺木の長さや太さが規格されており、その語源が長さや太さが一尺単位に規格されたことによると推測したが、語源に関して再検討したい。

『信長公記』（奥野高広・岩澤愿彦校注、角川文庫、一九六九年）には尺木は見えないが、尺は数箇所で使用されている。永禄十二年（一五六九）八月に信長が伊勢北畠氏の居城大河内(おかわち)城（三重県松阪市）を包囲した際に東西南北に武将を配置し、「其上四方し丶垣二重・三重結はせられ、諸口の通路をとめ」た上で、「尺限廻番衆」として、菅屋九右衛門（長頼）・塙九郎左衛門（直政）・前田又左衛門（利家）など計二四人を定めている。同書では尺に「柵内を巡回する番衆、柵を尺と書くのは当時の通例（『中垣文書』天正四年九月八日武田氏条目と出典を記すが、中牧文書、天正四年九月六日が正しい）」と注釈を付けている。

この記述により、大河内城の周囲に「し丶垣」（鹿垣）を設置し、それを尺とも呼び、城に出入りする者を警戒するために巡回させたことがわかる。この記述の後には信長御座所御番として、御馬廻・御小姓衆・御弓の衆・鉄砲衆を命じたとあるが、これらの衆と「尺限廻番衆」は同一人物であり、信長の警固と尺の警固を同時に果たしていた。勿論、周囲に配置されていた軍勢も尺の見回りをしていたが、それを怠っている可能性もあり、それを監視する軍監としての役割があったと思われる。

鹿垣も『信長公記』に何箇所から見られ、いずれも包囲している城の周囲に巡らしたものである。鹿垣（猪垣）は本来は文字通り、鹿や猪などが田畠に入るのを防ぐための柵という意味だが、城の周囲に設置する柵という意味でも使用されていた。『日本国語大辞典』は用例として『太平記』（巻三六）の「城の四方の山々峯々、二十三箇所に陣を取て、鹿垣を二重・三重に結ひ廻はし、逆木しげく引懸て」を挙げている。この記述は『信長公記』と類似している。また、秀吉の書状にも同様の表現が見えるので、この表現は当時慣例化していたと考えられる。

他の尺の用例としては、天正二年（一五七四）の長島一向一揆の掃蕩の際に「中江城・屋長嶋の城両城にこれある男女二万ばかり幾重も尺を付け、取籠め置かせられ候」とある。これには尺に「さく」のフリガナを付け、注釈で尺を柵としている。また、天正三年十月に岩村城（岐阜県岩村町）を包囲している信長方を武田方が夜討ちをした際に「尺を引破り、夜討の者と一手になり候はんと仕候を」とあり、尺に「さく」のフリガナが付いている。この尺は信長方が岩村城を包囲するために設置した柵である。

もう一つの用例は天正九年（一五八一）に秀吉が鳥取城を包囲した際のもので、「堀をほつては尺を付け、又堀をほつては塀を付け（中略）後陣の方にも堀をほり、塀・尺を付け」とある。この場合は堀と尺・塀がセットになった記述となっている点が特徴であり、より厳重な備えになっており、尺（柵）と塀の両方の記述がある。一般に塀は土塀や板塀を意味し、土や板で作られたものであり、尺（柵）とは異なるが、対句表現をするための文飾で、厳密に区別した表現ではなく、一部に塀があったかもしれないが、多くは単なる尺が設置されたと思われる。

このように、『信長公記』では包囲している城や人の周囲に巡らす柵を尺とも表現している。校注者は当時は柵と尺は同一で、尺の読みも「さく」と判断し、注釈やフリガナを加えたのであろう。『日本国語大辞典』では尺（さく）としても立項し、尺（しゃく）が変化した語としている。また、同辞典では爵を「しゃく」「さく」両方で立項している。『新漢和辞典　携帯版』（大修館書店、一九七三年）には爵に「しゃく」と「さく」両方の読みが載っている。このように、尺や爵は「しゃく」が一般的な読みだが、「さく」の読みも存在していた。よって、柵・柵木が「さく」とも読む尺・尺木と記されるようになったと考えられる。

では、いつから柵を尺とも記すようになったのだろうか。原書で記述した用例では享禄四年（一五三一）の越後衆軍陣掟書が最も古いが、これより古い用例があると思われる。また、柵ではなく尺という字を使用するようになった理由も問題となる。こうした点については、今後の課題としたい。なお、他の用例としては、『快元僧都記』天文二年（一五三三）四月十一日条に「番匠木屋入数十人、即尺木中廊被結立」とある。これは鎌倉の鶴岡八幡宮造営の際に番匠（大工）が木屋（作業場）に入り、尺木を結んだというものである。筆者は八幡宮に属する僧なので、寺社の間でも尺木という言葉が使用されていたことがわかる。

参考文献

今谷　明『日本の歴史⑨　日本国王と土民』（集英社、一九九二年）
大友一雄『日本近世国家の権威と儀礼』（吉川弘文館、一九九九年）
奥野高広『増訂織田信長文書の研究　下巻』（吉川弘文館、一九七〇年）
黒田日出男「絵画に中世の静岡を読む―『一遍聖絵』を史料として―」（『静岡県史研究』第十四号、一九九七年）
黒田基樹「戦国大名と在地紛争―農村における立山・立林」（『史苑』第六一巻第二号、二〇〇一年）
鈴木　茂「神奈川県鎌倉市における鎌倉時代の森林破壊」（『国立歴史民俗博物館研究報告』第81集、一九九九年）
鈴木哲雄『中世関東の内海世界』（岩田書院、二〇〇五年）
高橋　貴「「立野」「立山」論―戦国期東国における農村の山野利用について―」（『中世東国史の研究』東京大学出版会、一九八八年）
辻誠一郎「関東平野における弥生時代以降の植生史と人間活動」（『国立歴史民俗博物館研究報告』第72集、一九九七年）
辻誠一郎編『考古学と自然科学③　考古学と植物学』（同成社、二〇〇〇年）
藤木久志「大名領国の経済構造」（『戦国社会史論』東京大学出版会、一九七四年、初出は一九六五年）

藤本正行「戦国期武装要語解」(『中世東国史の研究』東京大学出版会、一九八八年)
盛本昌広「戦国期の植生維持と権力」(『日本歴史』五五一号、一九九四年)
盛本昌広「鎌倉の明かり」(『神奈川地域史研究』12号、一九九四年)
盛本昌広「山野河海の資源維持」(『史潮』新38号、一九九六年)
盛本昌広『日本中世の贈与と負担』(校倉書房、一九九七年)
盛本昌広『松平家忠日記』(角川書店、一九九九年)
盛本昌広「戦国時代の伊東」(『伊東市史研究』第4号、二〇〇四年)
盛本昌広「戦国期関東における山林利用と植林」(『千葉史学』第49号、二〇〇六年)
盛本昌広「中世の鎌倉と山林資源」(『中世東国の社会構造　中世東国論下』岩田書院、二〇〇七年)
盛本昌広「戦国期仁杉氏の動向」(『伊東市史研究』第8号、二〇〇八年)
山内　譲「中世の動乱と瀬戸内」(『街道の日本史42　瀬戸内諸島と海の道』吉川弘文館、二〇〇一年)
『新版絵巻物による日本常民生活絵引』(平凡社、一九八四年)
『日本思想大系　中世政治社会思想　上』(岩波書店、一九七二年)
『歴史のなかの鉄砲伝来』(国立歴史民俗博物館、二〇〇六年)
『山梨県史　通史編2　中世』(山梨県、二〇〇七年)

▼辞典類

『世界大百科事典』平凡社
『国史大辞典』吉川弘文館

『日本史大事典』平凡社
『日本国語大辞典』小学館
『角川日本地名大辞典』角川書店
『日本歴史地名大系』平凡社

▼植物学関係文献

尼川大録・長田武正『検索入門　樹木①』（保育社、一九八八年）
内村悦三『タケ・ササ図鑑』（創森社、二〇〇五年）
中川重年『検索入門　針葉樹』（保育社、一九九四年）
沼田真編『群落の遷移とその機構』（朝倉書店、一九七七年）
沼田真編『種子の化学』（研成社、一九八一年）
八田洋章『雑木林に出かけよう』（朝日選書、二〇〇二年）
原田洋・磯谷達宏『現代日本生物誌6　マツとシイ』（岩波書店、二〇〇〇年）
矢野悟道編『日本の植生』（東海大学出版会、一九八八年）

▼主要史料集

『戦国遺文　後北条氏編』東京堂出版
『戦国遺文　武田氏編』東京堂出版
『神奈川県史　史料編　古代・中世（2）』
『神奈川県史　史料編　古代・中世（3上）』

『神奈川県史　史料編　古代・中世（3下）』
『千葉県の歴史　資料編　中世3（県内文書2）』
『佐原市史　資料編　別編一　部冊帳　前巻』
『茨城県史料　中世編Ⅴ』
『群馬県史　資料編5　中世1』
『群馬県史　資料編7　中世3　編年史料2』
『静岡県史　資料編7　中世三』
『静岡県史　資料編8　中世四』
『新潟県史　資料編3　中世一』
『愛知県史　資料編12　織豊2』
『古河市史　資料　中世編』
『総和町史　資料編　原始・古代・中世』
『結城市史　第一巻　古代中世史料編』
『伊東市史　史料編　古代・中世』
奥野高広・岩沢愿彦校注『信長公記』（角川文庫）
『家忠日記』（史料大成、臨川書店）
『義演准后日記』（史料纂集、続群書類従完成会）
『長楽寺永禄日記』（史料纂集、続群書類従完成会）

『兼見卿記』（史料纂集、続群書類従完成会）
和泉清司編著『江戸幕府代官頭文書集成』（文献出版、一九九九年）

本書の原本は、二〇〇八年に洋泉社より刊行されました。

著者略歴
一九五八年　神奈川県横浜市生まれ
一九八二年　慶應義塾大学文学部国史学科卒業
二〇〇〇年　中央大学より博士（文学）学位授与
〔主要著書〕
『贈与と宴会の中世』（吉川弘文館、二〇〇八年）、『草と木が語る日本の中世』（岩波書店、二〇一二年）、『境界争いと戦国諜報戦』（洋泉社、二〇一四年）、『本能寺の変　史実の再検証』（東京堂出版、二〇一六年）

軍需物資から見た戦国合戦
二〇二〇年（令和二）一月一日　第一刷発行
著　者　盛本昌広（もりもとまさひろ）
発行者　吉川道郎
発行所　株式会社吉川弘文館
郵便番号一一三―〇〇三三
東京都文京区本郷七丁目二番八号
電話〇三―三八一三―九一五一〈代表〉
振替口座〇〇一〇〇―五―二四四
http://www.yoshikawa-k.co.jp/
組版＝株式会社キャップス
印刷＝藤原印刷株式会社
製本＝ナショナル製本協同組合
装幀＝渡邉雄哉

ISBN978-4-642-07112-3

読みなおす
日本史

刊行のことば

現代社会では、膨大な数の新刊図書が日々書店に並んでいます。昨今の電子書籍を含めますと、一人の読者が書名すら目にすることができないほどとなっています。ましてや、数年以前に刊行された本は書店の店頭に並ぶことも少なく、良書でありながらめぐり会うことのできない例は、日常的なことになっています。

人文書、とりわけ小社が専門とする歴史書におきましても、広く学界共通の財産として参照されるべきものとなっているにもかかわらず、その多くが現在では市場に出回らず入手、講読に時間と手間がかかるようになってしまっています。歴史の面白さを伝える図書を、読者の手元に届けることができないことは、歴史書出版の一翼を担う小社としても遺憾とするところです。

そこで、良書の発掘を通して、読者と図書をめぐる豊かな関係に寄与すべく、シリーズ「読みなおす日本史」を刊行いたします。本シリーズは、既刊の日本史関係書のなかから、研究の進展に今も寄与し続けているとともに、現在も広く読者に訴える力を有している良書を精選し順次定期的に刊行するものです。これらの知の文化遺産が、ゆるぎない視点からことの本質を説き続ける、確かな水先案内として迎えられることを切に願ってやみません。

二〇一二年四月

吉川弘文館

飛鳥 その古代史と風土　門脇禎二著　二五〇〇円

犬の日本史 人間とともに歩んだ一万年の物語　谷口研語著　二一〇〇円

鉄砲とその時代　三鬼清一郎著　二一〇〇円

苗字の歴史　豊田　武著　二一〇〇円

謙信と信玄　井上鋭夫著　二三〇〇円

環境先進国・江戸　鬼頭　宏著　二一〇〇円

料理の起源　中尾佐助著　二一〇〇円

暦の語る日本の歴史　内田正男著　二一〇〇円

漢字の社会史 東洋文明を支えた文字の三千年　阿辻哲次著　二一〇〇円

禅宗の歴史　今枝愛真著　二六〇〇円

江戸の刑罰　石井良助著　二一〇〇円

地震の社会史 安政大地震と民衆　北原糸子著　二八〇〇円

日本人の地獄と極楽　五来　重著　二一〇〇円

幕僚たちの真珠湾　波多野澄雄著　二二〇〇円

秀吉の手紙を読む　染谷光廣著　二一〇〇円

大本営　森松俊夫著　二二〇〇円

日本海軍史　外山三郎著　二一〇〇円

史書を読む　坂本太郎著　二一〇〇円

山名宗全と細川勝元　小川　信著　二二〇〇円

東郷平八郎　田中宏巳著　二四〇〇円

昭和史をさぐる　伊藤　隆著　二四〇〇円

歴史的仮名遣い その成立と特徴　築島　裕著　二二〇〇円

吉川弘文館
（価格は税別）

時計の社会史　角山 榮著　二二〇〇円
漢 方 中国医学の精華　石原 明著　二二〇〇円
墓と葬送の社会史　森 謙二著　二四〇〇円
悪 党　小泉宜右著　二二〇〇円
戦国武将と茶の湯　米原正義著　二二〇〇円
大佛勧進ものがたり　平岡定海著　二二〇〇円
大地震 古記録に学ぶ　宇佐美龍夫著　二二〇〇円
姓氏・家紋・花押　荻野三七彦著　二四〇〇円
安芸毛利一族　河合正治著　二四〇〇円
三くだり半と縁切寺 江戸の離婚を読みなおす　高木 侃著　二四〇〇円
太平記の世界 列島の内乱史　佐藤和彦著　二二〇〇円

白 隠 禅とその芸術　古田紹欽著　二二〇〇円
蒲生氏郷　今村義孝著　二二〇〇円
近世大坂の町と人　脇田 修著　二五〇〇円
キリシタン大名　岡田章雄著　二二〇〇円
ハンコの文化史 古代ギリシャから現代日本まで　新関欽哉著　二二〇〇円
内乱のなかの貴族 南北朝と「園太暦」の世界　林屋辰三郎著　二二〇〇円
出雲尼子一族　米原正義著　二二〇〇円
富士山宝永大爆発　永原慶二著　二二〇〇円
比叡山と高野山　景山春樹著　二二〇〇円
日 蓮 殉教の如来使　田村芳朗著　二二〇〇円
伊達騒動と原田甲斐　小林清治著　二二〇〇円

吉川弘文館
（価格は税別）

読みなおす
日本史

日本の奇僧・快僧　今井雅晴著　二二〇〇円
平家物語の女たち　大力・尼・白拍子　細川涼一著　二二〇〇円
戦争と放送　竹山昭子著　二四〇〇円
「通商国家」日本の情報戦略　領事報告を読む　角山　榮著　二二〇〇円
日本の参謀本部　大江志乃夫著　二二〇〇円
宝塚戦略　小林一三の生活文化論　津金澤聰廣著　二二〇〇円
観音・地蔵・不動　速水　侑著　二二〇〇円
飢餓と戦争の戦国を行く　藤木久志著　二二〇〇円
陸奥伊達一族　高橋富雄著　二二〇〇円
日本人の名前の歴史　奥富敬之著　二四〇〇円
お家相続　大名家の苦闘　大森映子著　二二〇〇円
はんこと日本人　門田誠一著　二二〇〇円
城と城下　近江戦国誌　小島道裕著　二四〇〇円
江戸城御庭番　徳川将軍の耳と目　深井雅海著　二二〇〇円
戦国時代の終焉　「北条の夢」と秀吉の天下統一　齋藤慎一著　二二〇〇円
中世の東海道をゆく　京から鎌倉へ、旅路の風景　榎原雅治著　二二〇〇円
日本人のひるめし　酒井伸雄著　二二〇〇円
隼人の古代史　中村明蔵著　二二〇〇円
飢えと食の日本史　菊池勇夫著　二二〇〇円
蝦夷の古代史　工藤雅樹著　二二〇〇円
天皇の政治史　睦仁・嘉仁・裕仁の時代　安田　浩著　二五〇〇円
日本における書籍蒐蔵の歴史　川瀬一馬著　二二〇〇円

吉川弘文館
（価格は税別）

鎌倉幕府の転換点 『吾妻鏡』を読みなおす
永井　晋著　二二〇〇円

奈良の寺々 古建築の見かた
太田博太郎著　二二〇〇円

日本の神話を考える
上田正昭著　二二〇〇円

信長と家康の軍事同盟 利害と戦略の二十一年
谷口克広著　二二〇〇円

軍需物資から見た戦国合戦
盛本昌広著　二二〇〇円

武蔵の武士団 その成立と故地を探る
安田元久著　（続　刊）

天皇家と源氏 臣籍降下の皇族たち
奥富敬之著　（続　刊）

古代日本語発掘
築島　裕著　（続　刊）

吉川弘文館
（価格は税別）